Côte d'Ivoire :
élection(s) présidentielle(s)
à l'horizon 2020

Les Impliqués Éditeur

Structure éditoriale récente fondée par L'Harmattan, Les Impliqués Éditeur a pour ambition de proposer au public des ouvrages de tous horizons, essentiellement dans les domaines des sciences humaines et de la création littéraire.

Déjà parus

Ramos Pires (Ronize Ivan), *Minimiser le coût du riz local en Afrique de l'ouest, Le cas de la vallée du Sénégal*, 2018.

Chaigneau (Michel), *Nature morte*, 2018.

Lenojantois (Yves), *La cité maya retrouvée, Petit roman d'aventure archéologique et humaine*, 2018.

Eteki-Otabela (Marie-Louise), *Libérez Simone Ehivet Gbagbo, Pour en finir avec les totalitarismes en Afrique*, 2018.

Orane, *Les nymphéas, Mémoires*, 2018.

Moundélé-Ngollo (Benoît), *Ce n'est pas ça mon combat à moi*, 2018.

Doubey (Rénouka), *Quelque chose dans le ventre, Roman*, 2018.

Cartier (Jean-Michel), *C'est la faute à Rousseau, Comédie philosophique*, 2018.

Peretti (Marie-Laure), *La légende du labrador, À hauteur de truffes, Roman*, 2018.

Lajonchère (Jean), *Les cendres perdues de ma vie*, 2018.

Ces dix derniers titres de ce secteur sont classés par ordre chronologique en commençant par le plus récent.
La liste complète des parutions, avec une courte présentation du contenu des ouvrages, peut être consultée sur le site :
www.lesimpliques.fr

Kouassi Ange Aristide MOLOU

Côte d'Ivoire : élection(s) présidentielle(s) à l'horizon 2020

Enjeux, bilans et perspectives

Préface de Honorable Konan Koffi Marius

Les impliqués Éditeur

© Les impliqués Éditeur, 2018
21 bis, rue des écoles, 75005 Paris

www.lesimpliques.fr
contact@lesimpliques.fr

ISBN : 978-2-343-14977-6
EAN : 9782343149776

Préface

Cédant à l'estime que me voue, Dr **MOLOU Kouassi Ange Aristide**, jeune leader ivoirien que j'ai eu l'agréable occasion de rencontrer lors d'un panel organisé par la **Friedrich Ebert Stiftung (FES)**, autour du partage d'expériences en leadership regroupant tous les auditeurs ivoiriens ayant bénéficié du programme GENAV (génération à avenir) de ladite fondation ; j'ai acquiescé à sa demande de préfacer son ouvrage **« Côte d'Ivoire : élection(s) présidentielle(s) à l'horizon 2020 »**.

Le titre de l'ouvrage sonne comme une interpellation de l'ensemble des acteurs de tout rang du processus électoral ivoirien eu égard à notre passé récent.

La Côte d'Ivoire, mon beau pays, celle que je connais tire le rideau de la scène politique sous mes yeux d'adolescent le 24 décembre 1999 avec un coup d'Etat salué de diverses façons. Des militaires dans la rue exultent avec une opposition politique de l'époque à leur côté comme s'ils avaient ensemble conçu, planifié et exécuté ce coup dans ce pays, havre de paix.

Dans l'année qui suivra, le droit de vote à 18 ans est admis et pour la première fois dans ma vie, je devais participer à une élection qui allait désigner le Président de la République de cette nation en construction qui a été troublé par « papa Noël » au petit matin de jour, rendu historique dans notre jeune démocratie.

Je me rappelle encore de cette soirée électorale du 29 octobre 2000, l'après-fermeture des bureaux de vote, la longue attente des résultats et la désolation qui s'en suivra. « Papa Noël » ou le « balayeur » venait de se faire balayer par **le PEUPLE** alors qu'il était en pleine exécution d'un hold-up électoral. Mon pays venait d'expérimenter la prise du pouvoir par coup de force et je me demandais bien si les acteurs politiques allaient en tirer les leçons et arrêter cette façon de rechercher le pouvoir par la force.

Je venais d'avoir le baccalauréat et le peu que j'avais vécu avait amplifié mon envie de m'engager à fond dans la vie politique afin de devenir un acteur et contribuer positivement à la construction de cette belle Côte d'Ivoire sur la base des idées de Félix Houphouët Boigny que j'ai eu au fil du temps dans quelques biographies et recueils de discours lus.

De mon fauteuil de spectateur adolescent de 1999 à mon siège de Député à l'Assemblée nationale de Côte d'Ivoire pour la législature 2017-2020, acteur de cette même scène où d'autres m'observent à présent, je mesure pleinement les espoirs, les attentes et aussi les craintes de ceux qui, aujourd'hui comme moi hier, n'ont que leurs yeux pour regarder cet horizon 2020 qui se dessine peu à peu avec en toile de fond, l'élection présidentielle à venir. La Côte d'Ivoire aura-t-elle appris de son passé ?

Je veux croire à une réponse affirmative de cette interrogation qui trotte dans tous les esprits au fur et à mesure que s'égrainent, les heures, les jours, les semaines, les mois et les années qui nous rapprochent de 2020. Les immenses chantiers ouverts par la grave crise postélectorale de 2010 et la guéguerre entre les partis politiques ivoiriens sur des questions relatives à l'élection présidentielle de 2020 font redouter acteurs et spectateurs de la scène politique qui se demandent encore si nous y arriverons sans avoir relevé les défis que la crise postélectorale nous a imposés.

Le partage du pouvoir entre alliés de 2010 commence à révéler des limites qui sont décriées par les deux poids lourds de cette alliance, l'un et l'autre s'accusant mutuellement de mauvaise interprétation de leur accord. Une situation qui envenime l'environnement politique de la Côte d'Ivoire. Il s'agit du PDCI-RDA et du RDR, deux acteurs clés de l'exécutif depuis 2011, qui n'ont apparemment pas fini de vider leurs contentieux larvés du coup d'Etat de 1999, par tribunes opposées ont ouvert un débat dit du parti unifié.

Les journaux ivoiriens s'y mettent à cœur joie à travers des manchettes très enflammées qu'affectionnent les « titrologues » ivoiriens. Tous les matins ceux-ci attendent devant les kiosques les titres des journaux qui animeront les causeries sur les réseaux sociaux, dans les bureaux, les coins de rue et même sur les marchés. La presse ivoirienne soutenue par des fonds publics ne mesurant suffisamment pas son impact sur les populations démunies qui se contentent de leurs différents titres, lesquels ne militent pas toujours en faveur de l'apaisement et de la réconciliation, jette de l'huile à petites gouttes sur le feu.

La réconciliation nationale stagne et malgré les professions de foi, il reste encore dans les geôles ivoiriennes des personnes détenues à la suite de la crise de 2011. La crise a laissé tellement de séquelles que l'exécutif ivoirien craint qu'une mise en liberté de tous les détenus ne provoque la colère de certaines victimes. Quant à l'opposition, déchirée par une crise interne dont une partie rejette tout ce qui est fait par l'exécutif, le jugeant illégitime, elle peine à trouver ses marques pour participer pleinement au débat démocratique.

La Commission Electorale Indépendante (CEI), objet de beaucoup de polémiques juridico-politiques est contestée par l'opposition ivoirienne et a même fait l'objet d'une décision de la Cour Africaine des droits de l'homme et des peuples qui dit que l'Etat ivoirien à « violé son obligation de créer un organe électoral indépendant et impartial, prévu par l'article 17 de la Charte africaine sur la démocratie et l'article 3 du protocole de la CEDEAO sur la démocratie et la bonne gouvernance ; et qu'il a également par voie de conséquence violé le droit des citoyens de participer librement à la direction des Affaires publiques de leur pays garanti par l'article 13 (…) de la Charte africaine des droits de l'homme et des peuples ».

Dans cet arrêt rendu à la suite d'une plainte d'une organisation de la société civile ivoirienne, le gouvernement a été contraint de recomposer ladite commission pour la rendre plus transparente et plus juste qui garantisse les droits de l'opposition. L'Etat ivoirien n'a pas clairement montré sa volonté de se conformer à la décision de la cour et comme si de rien n'était, il continue avec la commission existante qui se prépare à organiser les prochaines élections locales.

L'élection présidentielle de 2020 pointe comme un baromètre pour évaluer l'état de notre démocratie. Pourrions-nous refermer le rideau de ce triste spectacle où acteurs et spectateurs se remplacent sans fin ? La Cote d'Ivoire, première économie de l'UEMOA doit montrer sa maturité politique à l'horizon 2020 pour que toute la sous-région s'engouffre dans le train de l'émergence d'où « **la Côte d'Ivoire : élection présidentielle à l'horizon 2020.** »

Honorable KONAN KOFFI MARIUS

Député à l'Assemblée Nationale de Côte d'Ivoire

« Si tu ne fais pas de la politique, la politique va te faire, car ne pas faire un choix, c'est aussi un choix parce qu'on parle pour se faire entendre, on dit pour se faire écouter et enfin on écrit pour se faire comprendre »

A tous ceux qui héritent d'un droit minimum fondamental de vote dans le monde !

J'ai voulu dire autrement, mais le canal de transmission m'a semblé inefficace !

J'ai souhaité parler autrement, mais ma voix m'a trahi !

Enfin, j'ai tenté de l'écrire espérant pouvoir le faire comme si je le disais – parlais – écrivais !

Cet ouvrage est celui d'un trentenaire qui, comme nombreux jeunes, veut et croit fermement que le monde changera (positivement) sous l'invasion juvénile dans la politique. Dans mes analyses et propositions, je fais l'histoire de mon pays afin que mes lecteurs puissent comprendre l'enjeu, le bilan et la perspective qui fondent l'élection présidentielle 2020 en Côte d'Ivoire. Pour ce faire, je pars d'une méthodologie ternaire pour rendre compte des grandes étapes de la nation ivoirienne et surtout l'apport substantiel que peuvent apporter les Ivoiriens au choix des futurs élus en 2020 et donc du président de la République.

Remerciements

« *Un monde exhibe ses limites, ses drames, ses dangers. Et comme toujours, au cœur des contradictions qui l'affectent, un autre monde – possible, seulement possible – frappe à la porte du futur.* »[1] Je voudrais remercier tous ceux qui croient *fortement* qu'il y a une lueur d'espoir pour un monde meilleur – sinon pour une Côte d'Ivoire convaincue de l'espérance de sa résurrection.

A vous qui croyez

Changeons le monde et non pas être en colère contre lui.

Imaginons un monde essentiellement paisible – un monde où les vieux, les jeunes, les enfants, les femmes [...] de toute la planète se mobilisent pour participer activement à la construction de ce monde meilleur ; un réseautage de toutes les corporations avec la ferme volonté de s'ériger en agents de paix, de sécurité, de justice, de démocratie, etc., à un niveau philosophique, politique, religieux et académique pour esquisser un monde socialement plus intégré où les messes du droit et des libertés sont célébrées au quotidien.

---

[1] Jean-Paul JOUARY, MANDELA, une philosophie en actes, p. 10, 2014.

Introduction

L'évolution de la politique mondiale actuelle est multidimensionnelle. Des empires à la mondialisation en passant par l'invention de la machine coloniale, le monde ne peut suivre son cours évolutif que par des relations multilatérales solides et ambitieuses prenant en compte le(s) plan(s) de développement de chaque nation, Etat, région, continent. Tel est le combat de la mondialisation. Ainsi donc les Etats africains sont depuis lors candidats à la lutte. Mon pays aussi en fait partie. La Côte d'Ivoire connaît trois grands mouvements politiques depuis son existence : la période coloniale, la période post-indépendance et l'avènement du multipartisme avec son cortège d'espoir et de nouveaux horizons ou de nouvelles orientations. Après ces trois étapes décisives qui ont marqué l'histoire de notre pays, il serait donc évident de faire et/ou dresser un bilan : évidemment en 2020. Ce bilan doit être des leçons apprises de ces moments, les éventuelles orientations de la politique en Côte d'Ivoire en vue de (re)dorer l'image de ce pays dit poumon de l'économie de l'Afrique de l'Ouest. Il ne s'agit point de construire un esprit revanchard en Ivoirien et encore moins préparer une insurrection pour faire retomber le pays dans une guerre sans précédent assimilable à l'ère coloniale. Il peut s'agir pour chacun des Ivoiriens au sens patriotique du terme de faire plutôt son mea-culpa en un véritable et sincère acte de contrition devant ses pairs – une réconciliation avec soi-même pour espérer faire confiance à autrui. En d'autres termes, l'Ivoirien doit se (re)construire intérieurement et démocratiquement pour aller aux différentes échéances électorales en 2020. C'est le lieu de pronostiquer que la vie politique en Côte d'Ivoire connaîtra un grand changement – loin de toute idée de superstition –, car le bilan sexagénaire oscillé en trois Républiques successives sera fait et aussi les résultats palpables de la candidature à l'émergence à l'horizon de la même année se fera certainement. Je me pose des questions, à moi, à ma conscience, à mon existentiel, à mon cœur et en même temps à mon cerveau. Quelle Côte d'Ivoire en 2020 ? Que veulent les Ivoiriens en 2020 ? Quelle politique voudra imposer le pacte colonial en soixante années d'existence ? Voici autant de questions que je me suis posées à plusieurs reprises dans mes moments de retraite.

De la Côte d'Ivoire coloniale à la Côte d'Ivoire indépendante.

De la Côte d'Ivoire coloniale à la Côte d'Ivoire indépendante multipartite, le pays a connu de grands changements sectoriels. Plusieurs domaines ont subi des mutations dont l'un des plus marquants fut la vie politique. Dans le pays colonial de la Côte d'Azur, les Azuriens se sont vus spolier leurs droits de toute nature. Ce qui mettait en cause leur seul et unique droit à l'existence – à la vie. Les industries coloniales dénaturaient les colonisés par la confiscation du droit linguistique, du droit à la liberté, de la condamnation la plus méprisante, car selon Noël Kouassi AYEWA « lorsqu'on dénie à un peuple son droit à utiliser sa langue, il est condamné au sous-développement intellectuel, technologique et social ; il est exclu de la société moderne. »[2] Il s'agit là d'un droit fondamental qui caractérise la vie et donc d'une légitime lutte vitale qui pourrait permettre aux vainqueurs d'asseoir leur suprématie, leur vision du monde, leur culture et en même temps de cracher celles des autres. Il n'est pas question pour bon nombre d'Africains de perdre ce droit. La lutte va s'engager jusqu'à l'accession de l'ère des indépendances. Cependant, le sens du combat n'est nullement de gagner, mais plutôt d'enrôler le(s) vaincu(s) dans l'exécutif avec le semblant de victoire. Ce qui fit le cas de la Côte d'Ivoire avec le père de la nation, le président feu Félix Houphouët-Boigny. Le combat acharné des figures emblématiques de la lutte anticoloniale vaut en trophée la place presbytérale des dirigeants africains de la tranche de Nanan Boigny avec bien sûr l'assistance à la trappe des soi-disant vaincus – les colons. Le combat fut noble, la récompense l'est aussi. Et en ce moment commencent à briller à la lumière d'une lampe tempête en pleine forêt *les soleils des indépendances.*

L'ère des indépendances [...] induit le problème des Ivoiriens, par les Ivoiriens, pour les Ivoiriens. C'est la Côte d'Ivoire de 1960 avec une indépendance tcha-tcha-tcha. Fraîchement légal, le pays a connu son plus long et périlleux voyage vers l'indépendance qui se solde souvent par des affrontements sporadiques de part et

---

[2] Noël Kouassi AYEWA, le droit linguistique et le développement en Afrique, revue LTML, Université Félix Houphouët-Boigny, Côte d'Ivoire.

d'autre à travers tout le territoire ivoirien. Quelques colons résilients à l'ère indépendantiste manifestent de l'insoumission et laissent les avatars d'une lutte post-indépendance farouche et sanglante. Cette période va à cet effet être marquée par les redressements des structures mises en place pour le bon fonctionnement des stratégies coloniales. L'administration est désormais sous contrôle des Ivoiriens – de Nanan Boigny et ses compagnons de lutte. De grandes réformes calquées sur le modèle occidental colonial laissent à ce jour des marques indélébiles dans les artères de l'administration ivoirienne. En premier, l'utilisation de la langue française dans l'administration ivoirienne, le calque vestimentaire imposé par quelques colons encore à la trousse des vestiges de la lutte. En deuxième, leurrer les nouveaux patrons ivoiriens en négociant la faisabilité du plan stratégique de développement par les Ivoiriens eux-mêmes. Et en troisième, contrôler les finances pouvant permettre les réalisations des projets : la Communauté Française d'Afrique (CFA). Voici la pire des formes de colonisation. Je n'ai pas besoin d'être un expert en économie pour savoir le carnage que le CFA enregistre à son compteur. Et jusqu'à ce jour… la politique du père de la nation ivoirienne n'était pas à mon sens « anticfaïque », d'ailleurs que pourrait-il faire de plus ? A chaque chose son temps et chaque temps sa chose. L'indépendance acquise, la maturité s'ensuit aussi moins rapide que les pas du caméléon.

L'ère de l'indépendance : la Côte d'Ivoire de 1960

Prononcer des discours de liberté – légaliser les textes qui régiront l'Etat de Côte d'Ivoire – doter le pays d'un texte fondamental sur lequel fonctionnera la République ivoirienne : la constitution. Tels sont désormais les aspects que prend l'orientation politique des dirigeants d'alors avec comme chef de file le premier Président Félix Houphouët-Boigny. C'est donc la politique des textes, la légalisation, l'égalité et la liberté. Au vainqueur, le trophée [...] à Houphouët-Boigny le PDCI-RDA indiscutablement le parti unique. Car à tout Seigneur, tout honneur. C'est de cette philosophie qu'il s'est agi au courant de la période post-indépendance en Côte d'Ivoire et de façon générale en Afrique : la libre expression des Africains à travers des textes, des meetings, des discours, des congrès, etc., mais sous l'ordonnance du parti unique – à la politique unique et donc une solidarité infaillible constituant une force politique unique. L'idéologie politique s'avère nationale. (Re)pousser la force coloniale ; rien d'autre que ça pour qu'enfin soit libre (totalement) la Côte d'Ivoire indépendante. Une réelle volonté des combattants de la liberté était de signaler aux colons que l'acte doit être joint à la parole – à l'indépendance prononcée officiellement en 1960. Alors cette ère fut émaillée d'embûches et de trappes mortifères engendrées par l'insoumission du nouvel Ivoirien indépendantiste au joug colonial résilient. Mal gré, bon gré l'administration coloniale laisse des cicatrices et impose même le squelette occidental comme modèle. Ainsi, la langue officielle, l'administration, le corps militaire, l'économie, l'éducation... sont conçus sur le spécimen français avec de surcroît une présence marquante d'Occidentaux pugnaces à la trousse du père de la nation ivoirienne. C'est ce qui colorie les rayons du soleil des indépendances en Côte d'Ivoire dans les années 1960, juste après la proclamation symbolique de ladite indépendance.

La Côte d'Ivoire post-indépendance des dirigeants ivoiriens.

C'est la Côte d'Ivoire de l'Ivoirien, pour l'Ivoirien. Tous dans la vision politique de celui qui a été désigné comme le premier président de la République de Côte d'Ivoire. Tous comme un seul homme derrière, devant, autour de Félix Houphouët-Boigny pour (re)construire une Côte d'Ivoire à l'Ivoirien au modèle français. Il s'agit, pour ce faire, d'identifier quelques combattants de lutte pour asseoir une famille politique afin de solidifier les décisions et être plus résistants à la machine coloniale affaiblie par la prise de conscience générale des Ivoiriens aux effets méphistophéliques de la colonisation.

Le système politique de la Côte d'Ivoire

La démocratie ! C'est le régime politique de la Côte d'Ivoire, c'est-à-dire depuis les institutions de la République jusqu'au peuple souverain, la gestion des affaires politiques de la République de Côte d'Ivoire fonctionne sur les principes et valeurs de la démocratie.

Mais de quelle démocratie s'agit-il ? Celle dite sociale ? Ou celle dite plutôt libérale ? Et surtout quand et/ou à quel(s) moment(s) a-t-elle été adoptée par la Côte d'Ivoire ?

Voici autant de questions que je me suis posées avant d'entamer le présent point de ce livre. Alors, je me demande bien avant que l'indépendance ne soit prononcée officiellement, quel était le régime politique de la Côte d'Ivoire ? Etait-il différent après l'indépendance, dans la pratique ? En effet, le choix d'un régime politique dans la gestion des affaires politiques d'un Etat définit l'orientation de la politique générale. Il faut noter à cet effet que les différents régimes politiques sont clairement définis par les attributs du pouvoir et le mode de gestion des affaires de la cité. Cela se perçoit *primo* par le mode de succession à la tête de la magistrature suprême de l'Etat, *secundo* par le contenu des programmes politiques et *tertio* par l'ouverture sur le monde extérieur. La plupart des Etats africains de façon générale ont choisi *constitutionnellement* le régime de la démocratie, c'est-à-dire que le pouvoir politique appartient au peuple souverain. C'est au peuple d'élire librement les représentants de l'Etat. Alors, la Côte d'Ivoire fait partie des pays qui ont opté pour la voie de la démocratie dans la gestion des affaires politiques. Il ne s'agit pas de porter un jugement de valeur sur les choix des régimes politiques dans le monde, mais plutôt d'exposer les valeurs que la démocratie induit et les attentes du peuple souverain. Il est question de donner, sinon de reconnaître que le pouvoir est au peuple et que c'est lui qui détermine le(s) choix des élus. Dans ce cas de schéma démocratique, c'est le peuple qui est l'instance suprême et il doit contrôler les élus et non pas le contraire. Ainsi, il a la capacité de transmettre le pouvoir politique à la personne de son choix selon ses aspirations. Tels sont les préambules de la démocratie.

Dans les Etats africains qui fonctionnent selon le régime de la démocratie comme la Côte d'Ivoire, il est à signaler que ces principes sont mis à mal par certains dérapages dans la gestion du pouvoir politique et il est souvent regrettable que ce soit celui qui est censé décider (le peuple) qui en paye amèrement le prix. La marche vers la démocratie absolue est à pas de caméléon dans les pays en voie de développement ayant choisi ce régime. Ce triste constat est marqué par la multiplication des guerres, les violations des textes fondamentaux de l'Etat, le non-respect des droits de l'homme et des libertés. Primordialement indiquée dans les principes de démocratie, la souveraineté du peuple est peu ou pas exprimée. On constate un abus du pouvoir et de la confiance du peuple par les dirigeants ; en un mot un manque crucial de la démocratie. La Côte d'Ivoire émergente à l'horizon 2020 doit pallier cette mise à mal des valeurs démocratiques. Pour ce faire, elle doit être véritablement et socialement plus démocratique, plus intégrée et/ou plus proche des populations ivoiriennes. Les objectifs du Programme National de Développement (PND) ne seront atteints à l'horizon 2020 que si les principes de la démocratie sont réellement mis en pratique par le pouvoir décideur et ressentis au niveau des populations. Bâtir la cohésion sociale au sein de la population ivoirienne revient à l'Etat de Côte d'Ivoire comme le vade-mecum de l'agenda politique pour la réussite de toutes activités de développement en 2020. La démocratie étant un creuset de valeurs, à savoir la transparence, l'égalité, l'équité et le partage du pouvoir politique, la Côte d'Ivoire est au carrefour de son histoire dans l'atteinte de ses objectifs de développement qu'elle se fixe à l'horizon 2020 : ça passe ou ça casse !

Le débat politique

L'année 2020 qui se profile à l'horizon annonce un événement majeur en Côte d'Ivoire. Il s'agit de la fin d'une génération d'hommes politiques contemporains, nés avant 1950, qui ont d'abord occupé une position privilégiée entre 1990 et 1993, les dernières années de présidence de Félix Houphouët-Boigny, avant de dominer par la suite, « l'après-Houphouët. »[3] Voici succinctement ce qui suscite le débat, disons politique. Il est clair sinon humain de se poser des questions relatives au renouvellement de la classe politique ivoirienne en se demandant comment passer le flambeau du pouvoir politique aux plus jeunes ? Ceci relève d'un esprit plus critique. Mais lorsque la même inquiétude est exprimée sous forme de la question suivante : pourquoi passer le flambeau aux plus jeunes ? Elle s'avère être malséante – voire –malhonnête. Il faut rappeler à toutes fins utiles que la conception de toute chose qui se veut être solide et durable se fonde sur le principe de la trilogie, c'est-à-

---

[3]Diensia Oris-Armel BONHOULOU, la fin d'une génération en Côte d'Ivoire : les ténors de « l'après-Houphouët » 1990-2020 parut aux éditions L'Harmattan, Novembre 2016.

dire concevoir – réaliser – projeter. Dans le(s) débat(s) politique(s) sur la Côte d'Ivoire, il faut toujours faire l'histoire des grandes étapes de la nation ivoirienne pour consolider les acquis présents et surtout ouvrir les perspectives. Tous les analystes politiques sont unanimes que le pouvoir politique doit se rajeunir aux élections bilan 2020[4]. Et donc il n'est plus question en ce moment du pourquoi, mais plutôt du comment. Le débat qui invite régulièrement la jeunesse au centre des rencontres politiques se situe au niveau de la responsabilité et l'engagement de la jeunesse ivoirienne. Les principes de gestion des sociétés africaines stipulent que l'enfant qui aspire au pouvoir doit impérativement être initié et essentiellement avoir la bénédiction des ancêtres qui se symbolise par l'adhésion et l'accord des plus âgés. A l'état actuel du climat politique en Côte d'Ivoire, la jeunesse est bel et bien active et relativement formée pour être capable de diriger les instances étatiques. Le hic est de (con)vaincre les quelques adeptes de la gérontocratie – encore plus farouche – qui refusent catégoriquement ce changement, parce que, à en croire, la canne à sucre paraît de plus en plus sucrée oubliant aveuglement qu'au bout de ce tube à sucre peut se trouver la bile mortifère. Le débat politique doit être de plus en plus centré sur la jeunesse certes, mais animé par les jeunes eux-mêmes avec bien sûr l'assistance des plus expérimentés et outillés en matière de politique. Parce que ce qui se décide pour moi sans moi est contre moi que les jeunes – ceux qui sont engagés et responsables – doivent participer activement au(x) débat(s) politique(s). Ceci leur permettra d'acquérir de l'expérience sur des questions

---

[4] La Côte d'Ivoire aura soixante ans, le bilan de l'émergence et le renouvellement probable de la classe politique.

fondamentales de développement et surtout d'avoir des stratégies de prise de décision face à une situation donnée ; en toute chose, l'expérience s'avère incontournable. De même, il faut dire que normalement tout débat politique, au *nom de la démocratie*, doit avoir un caractère public puisque l'objectif est d'informer les populations. Tous ceux qui détiennent le pouvoir de décision ont le devoir régalien d'informer les populations qui sont en droit de le recevoir. Ainsi, quel que soit le moyen utilisé pour animer les débats politiques, l'Etat a l'obligation d'organiser et de diffuser au plus large pour qu'enfin toutes les populations aient les informations crûment sans troncation ni manipulation. La radio, la télévision, l'internet doivent relayer efficacement les mêmes informations sans prise de position partisane ou opposée. Il s'agit d'ouvrir le débat politique pour que tous les citoyens qui veulent bien donner leur point de vue le fassent sans être inquiétés comme nous le recommandent les principes de la démocratie. Les jeunes des différents partis politiques, des associations de la société civile, les Organisations Non Gouvernementales (ONG) doivent participer régulièrement aux débats portant sur des questions d'actualité comme le chômage, la migration, les guerres, le terrorisme, la démocratie, etc. Disons qu'une jeunesse bien formée et outillée représente une assurance dans le futur et permet de ce fait d'envisager une transition par le rajeunissement de la classe politique ivoirienne à l'horizon 2020 sans heurt.

Perspectives à l'horizon 2020

Nous voici vers le soixantième anniversaire de notre pays, la Côte d'Ivoire. Et voici comment clignotent tristement les feux caractéristiques de la Côte d'Ivoire sexagénaire à l'horizon 2020. Quelle Côte d'Ivoire voudrais-je en 2020 – vieille de soixante années ? Ne voulant faire guère de la romance, je dirai plutôt quelle Côte d'Ivoire, vieille de soixante ans voudrions-nous à l'horizon 2020 ? Nous, Ivoiriens de nationalité et/ou amoureux de la Côte d'Ivoire, que voudrions-nous ? Tel est le questionnaire que se pose sans cesse le trentenaire que je suis – à peine atteint la moitié du nombre d'années d'existence de la nation dans laquelle je suis né. En tout cas, un sincère patriote comme moi dira : « je veux voir une Côte d'Ivoire émergente en 2020 ». Oui ! Une Côte d'Ivoire émergente à l'horizon 2020 ou même en 2020 – une Côte d'Ivoire émergente en indice de développement humain – une Côte d'Ivoire en efficacité de son système éducatif – une Côte d'Ivoire compétitive au plan national, régional, sous régional, continental, intercontinental, international, planétaire en 2020 – une Côte d'Ivoire économiquement forte et diversifiée – une Côte d'Ivoire efficace en système de sécurité […] En d'autres termes une Côte d'Ivoire nouvelle avec bien sûr un Ivoirien nouveau.

Le système éducatif en Côte d'Ivoire

L'école va mal en Côte d'Ivoire. Non ! Le système éducatif va mal en Côte d'Ivoire, fallait plutôt le dire audacieusement. Il faut impérativement réformer/refonder le système éducatif ivoirien. Tout le monde le dit, peut-être sans savoir véritablement ce que cela connote, cela induit. Je note que le système dans lequel se forment les Ivoiriens est caduc et d'ailleurs ne répond plus aux besoins de notre pays. Il ne s'agit pas d'essayer autant que faire se peut de (re)dynamiser les substrats du système hérité de la colonisation, mais de le changer purement et simplement aux besoins de la Côte d'Ivoire premièrement, c'est-à-dire aux besoins des entreprises implantées sur le territoire national et par la suite le rendre de plus en plus efficace aux besoins sous régionaux, voire continentaux, conformément aux objectifs de développement. Qu'est-ce à dire ?

Je dois avouer qu'il faut des décisions courageuses et objectives pour structurer le système d'éducation dans ce pays. Mais c'est possible du moment où certains pays donnent des exemples palpables et réussis. Alors, il faut des programmes ambitieux dans l'unique objectif de faire connaître la Côte d'Ivoire par les Ivoiriens et tous ceux qui choisiront ce système pour s'éduquer. A partir de ce moment, toutes les disciplines enseignées doivent statuer sur la Côte d'Ivoire et ceci dès le préscolaire et/ou le primaire. Il reviendra aux enseignants, conformément aux programmes, d'enseigner l'hymne national du pays, les frontières, les potentialités des villes ivoiriennes, les recensements des populations par région, ville ou district. Ceci n'est qu'un exemple illustratif. De même, parallèlement à ce programme, les bénéficiaires doivent, avec l'accord des parents, choisir des options/carrières professionnelles en vue de l'obtention de leur premier diplôme professionnel postprimaire en qualification de Diplôme professionnel d'Études Primaires (DPEP).

Par la suite, un concours sera organisé pour ceux qui souhaitent continuer dans le même système pour faire des études secondaires, c'est-à-dire de la classe de sixième jusqu'en troisième. Les admis auront évidemment à suivre les cours de droit particulièrement la constitution ivoirienne, le régime politique adopté en Côte d'Ivoire, l'histoire de la Côte d'Ivoire, le climat politique, l'existence des organisations régionales et sous régionales, continentales, etc. Ce qui permettra aux auditeurs de ces programmes, une fois admis aux tests en fin de cycle, d'obtenir un brevet d'admission en droit politique et constitutionnel. Tous les élèves/étudiants bénéficiaires de ces programmes propres à l'Ivoirien auront des aptitudes ou des réflexes pour une connaissance approfondie de leur pays et par conséquent d'honnêtes citoyens capables de participer activement/politiquement à la construction de la nation ivoirienne. En fait, je n'ai pas voulu proposer un remède éducamenteux[5] qui guérirait les maux de notre système éducatif en Côte d'Ivoire, mais pour un meilleur diagnostic dudit système, il faut impérativement analyser les failles afin de proposer des ordonnances susceptibles de le soulager durablement et/ou définitivement. Tous les experts et même non experts sont unanimes. L'école en Afrique de façon générale et en Côte d'Ivoire spécifiquement est une machine à fabrication de

---

[5] Mots pour guérir les maux du système éducatif ivoirien, Educament parut aux Editions Universitaires Européennes (EUE), Novembre 2017.

chômeurs, car la formation et les besoins des potentiels employeurs sont en déphasage. Il n'y a pas d'interconnectivité directe entre la formation et l'emploi. La preuve, une expérience professionnelle d'au moins un an est demandée à un étudiant sorti fraîchement de l'université ou même à un élève sorti du parcours de l'enseignement technique. Il est crucial que je partage ce point de vue réaliste qui, grosso modo, trompe les diplômés issus de notre système éducatif. Nous devons tous savoir, vous et moi, que l'Etat n'est guère pourvoyeur d'emploi. Il valorise simplement les citoyens diplômés/qualifiés en les proposant aux services capables de les embaucher selon les besoins. En effet, l'Etat dans sa politique de gestion du pouvoir sollicite ses citoyens hautement qualifiés dans la formation des autres citoyens encore dans le parcours, en besoins de formation. Pour ainsi dire, dans le processus de construction d'une Côte d'Ivoire émergente et par ricochet une Afrique répondant aux normes de l'eldorado tant souhaité, les Etats africains doivent d'une manière générale former le capital humain conformément aux besoins du continent en formatant les systèmes éducatifs à l'équilibrage éducation/ formation. Ceci permettra de créer aisément la connectivité directe du couplage école/emploi. Dans ce cas il ne serait plus question de domicilier en Côte d'Ivoire les talents venus d'ailleurs.

De même, la Côte d'Ivoire dans sa politique de création d'un Ivoirien nouveau doit (re)dynamiser le système éducatif d'alphabétisation puisqu'à ce jour elle compte encore cinquante-deux pour cent de taux d'analphabétisme, c'est-à-dire que plus de la moitié de sa population est encore analphabète. Pendant ce temps, je me pose la question de savoir si un des pays dits émergents au monde l'a été avec un tel taux d'analphabétisme. Non ! Je ne pense pas du tout. N'est-il pas préférable – sinon primordial – de dynamiser à travers un engagement de l'Etat ivoirien de former ses citoyens analphabètes pour que ceux-ci apportent leurs parts, d'ailleurs plus importantes, dans l'idéologie politique de la construction d'une Côte d'Ivoire émergente post-2020 ? L'Ivoirien nouveau, citoyen de la Côte d'Ivoire émergente est celui-là même qui sait, lui aussi lire A, B, C, une affiche, un Code de la route, une marque publicitaire, en d'autres termes un Ivoirien capable de lire la constitution et d'en appliquer les lois – à la possibilité d'un honnête citoyen de sorte que les interprètes médiocres soient moins en nombre pour valoriser les messages politiques de leur candidat auprès de ces populations vulnérables de par leur ignorance.

L'économie en Côte d'Ivoire

L'émergence de la Côte d'Ivoire passe aussi par son système économique. L'un des facteurs clés sur lequel doit se focaliser ce pays est la dynamisation du système économique ivoirien. Même s'il est vrai que plusieurs indicateurs sont pris en compte dans l'évaluation de la performance de la marche vers l'émergence, l'économie d'un pays dit en voie de développement comme le nôtre se veut être efficace et dynamique. Il ne s'agit plus de rechercher les sillons dans lesquels se trouvent les artères de l'économie ivoirienne. A peine la première République ivoirienne prononcée que le premier président l'a identifié en ces termes que je me permets de citer : le succès de ce pays repose sur l'agriculture. Quelle chance ! Parce que la Côte d'Ivoire jusqu'à ce jour reste et demeure la première puissance mondiale en production de cacao. Et aussi elle occupe de très bons rangs au niveau de quelques matières premières agricoles. A vrai dire, du point de vue des organisations monétaires, la Côte d'Ivoire occupe une bonne position pour adopter véritablement un système économique à mesure de rehausser son image. Elle fait partie des pays africains qui héritent toujours d'une monnaie coloniale et d'ailleurs constitue le véritable handicap notoire de son émergence monétaire intrinsèque.

La Côte d'Ivoire sexagénaire se veut plus indépendante économiquement à travers la liberté du choix monétaire, le libéralisme économique, un système d'économie valorisant les échanges de ses matières premières, etc., en un mot une Côte d'Ivoire, vieille de soixante années plus autonome dans le choix de ses perspectives économiques, et davantage conforme au plan national de développement. A cet effet, l'Ivoirien nouveau doit être capable d'assimiler les recettes de (re)dynamisation de l'agriculture ivoirienne par le biais de la formation des étudiants admis dans les instituts/écoles spécialisé(e)s dans l'agriculture. L'Etat, à travers sa politique de valorisation de l'agriculture, doit impérativement et urgemment créer des universités et centres d'alphabétisation pour la formation des agriculteurs en vue de moderniser et maximiser la production. Cette volonté politique permettra aux premiers citoyens que sont les valeureux agriculteurs de se défaire, par une formule apotropaïque, de leur pauvreté légendaire. Aussi, les étudiants admis dans ces universités/instituts ou même des centres de recherche prêteront-ils main-forte ou seront-ils des agriculteurs modernes comme dans les pays dits développés et émergents. J'aurai souhaité même que les centres d'intérêt des universités et centres de recherche de la Côte d'Ivoire en 2020 soient uniquement pour la promotion de l'agriculture – d'une politique agricole efficace et efficiente.

Par cette approche, il s'agit en effet de redéfinir les stratégies d'accord entre la Côte d'Ivoire et ses franges coloniales d'un côté et de l'autre les nouveaux partenariats non pas basés sur les avatars coloniaux, mais plutôt sur le mariage de l'orientation politique agricole des partenaires ou même de façon plus élargie et futuriste. A soixante ans, la Côte d'Ivoire doit renaître – en 2020, elle doit croître.

Le système de sécurité en Côte d'Ivoire

Nous devons tous admettre qu'aucun développement, aucune croissance et même aucune vie n'est possible s'il n'y a pas de sécurité. Ce qui veut dire qu'il s'agit d'un système de sécurité binaire, c'est-à-dire la sécurité des biens et celle des personnes. Tout pays au monde qui aspire à un développement durable et à l'émergence doit pouvoir se doter d'un système sécuritaire sophistiqué répondant arithmétiquement à certaines normes. C'est ce qui semble normal et utile. L'Etat ivoirien a pour devoir régalien de garantir la sécurité de ses citoyens et de tous ceux qui résident sur le territoire ; du citoyen lambda aux biens institutionnels et étatiques en passant par les investisseurs. La politique sécuritaire d'un pays s'étend sur deux dimensions : le plan national et la dimension interétatique, voire continentale. Pour un meilleur système sécuritaire, la Côte d'Ivoire et ses voisins limitrophes doivent définir la même politique sécuritaire garantissant et les menaces internes qu'externes. Il faut d'ores et déjà reconnaître que l'état actuel des choses en matière de sécurité demande plus d'union de forces de plusieurs Etats pour être plus efficace face à certaines menaces comme le terrorisme. C'est pourquoi, en effet, la Côte d'Ivoire émergente à l'horizon 2020 doit être plus sécurisée à travers des accords multilatéraux en matière de sécurité. De même, pour un système de sécurité plus élaboré et efficace, l'Etat ivoirien circonscrira les zones dites à risque pour que la sécurité y soit renforcée avec des moyens adaptés en conséquence de cause. C'est une question d'objectivité. En fait, la question de sécurité est problématique de nos jours et devient de plus en plus préoccupante. La notion de sécurité s'avère relativement dépendante de la conception de chacun : la sécurité dépend de la menace plus ou moins que représente le danger. Ainsi, la migration irrégulière, le terrorisme, les coups d'Etat, les rébellions, les guerres sont des menaces pour la sécurité. Aussi, il faut noter que la mauvaise gouvernance, la violation flagrante des textes fondamentaux de la République, l'incitation à la haine constituent des menaces pour la sécurité sociale également.

Bien vrai que la sécurité dans un pays crée un climat favorable aux investissements et attire les capitaux étrangers, elle doit être tout de même adaptée au système qui sied à la Côte d'Ivoire.

Le système de défense en Côte d'Ivoire

Le système de défense adopté dans un Etat détermine crucialement les acquis. En effet, la vision politique générale de toute nation repose essentiellement sur l'orientation et la consolidation du choix de son système de défense. Cela induit la stabilité et le contrôle du territoire, la sécurité intérieure et (trans)frontalière, le contrôle de l'espace aéroportuaire et surtout le respect des autres Etats. Il faut reconnaître à cet effet que la construction d'un Etat de droit passe impérativement par un système de défense qui couvre totalement le territoire. Ainsi, les forces armées, c'est-à-dire la police, la gendarmerie, les militaires et paramilitaires doivent objectivement s'aligner sur les exigences de la politique de l'Etat qui définissent clairement les missions régaliennes dues à leur rang. Il faut une armée solide et responsable pour assurer la défense de la nation en cas de menace. L'analyse de la situation de défense des pays africains d'une manière générale et celle de la Côte d'Ivoire montre que le système de défense élaboré n'est pas au rythme de l'élan de la Côte d'Ivoire émergente à l'horizon 2020. Ceci dit, pour atteindre les objectifs de pays émergent à l'horizon 2020, la Côte d'Ivoire doit se doter d'un calendrier d'uniformisation et d'unification de toutes les corporations des forces de défense et de sécurité, d'un plan commun de défense et aussi de responsabilisation de chacune des composantes de l'ensemble des défenseurs de la nation ivoirienne en stratégie militaire. Pour ce faire, la Côte d'Ivoire a besoin urgemment d'une (re)construction fonctionnelle de l'armée ivoirienne après les guerres militaro-politiques qui ont secoué le pays. Il s'agit de la réforme de l'armée ivoirienne qui est d'ailleurs capitale dans le processus de faire de ce pays une nation dynamique de par son potentiel attractif de développement. La plupart des Etats africains sont fragiles à cause de la défaillance notoire dans le choix du système de défense. La Côte d'Ivoire émergente suppose tout de même un système de défense sophistiqué, solide, incorruptible et responsable dont les défenseurs portent les couleurs de la nation ivoirienne plus haut par l'expression de leur engagement de défendre les intérêts de la nation coûte que coûte et vaille que vaille : telle est la principale mission d'une armée. Cet engagement traduit l'« amour patriotique » qu'un défenseur de la nation doit porter au vu de son comportement dans l'exercice de ses fonctions. La vision 2020 de la Côte d'Ivoire se veut plus pratique sur des questions de défense et de sécurité ainsi qu'un engagement imminent de la part des autorités militaires en charge de la défense de la nation ivoirienne.

Le système de santé

L'organisation du système de santé en Côte d'Ivoire est binaire, à savoir la santé publique qui englobe toutes les institutions étatiques de santé et la santé privée qui, quant à elle, est tributaire des initiatives privées et personnalisées. En effet, de ces deux types de système résulte un seul objectif : garantir les soins de qualité en matière de santé aux citoyens pour un bon fonctionnement de l'appareil de santé afin que tous les Ivoiriens et/ou non Ivoiriens soient productifs et utiles. Alors, pour ce faire, l'Etat ivoirien a pour devoir régalien de dicter la politique générale du système de santé. Tous les Ivoiriens ou non Ivoiriens vivant sur le territoire national doivent bénéficier des soins de qualité conformément à l'organisation et l'exigence de la qualité due à la politique de l'Etat ivoirien. Dans un pays comme le nôtre, l'Etat aura pour mission première concernant la santé de proposer des services de qualité à travers la formation des agents et la construction des établissements d'accueil. S'il est admis que le succès de la Côte d'Ivoire repose (toujours) sur l'agriculture après soixante années d'indépendance, c'est que la tranche d'Ivoiriens à prioriser en matière de santé demeure les agriculteurs. Ce qui, sans doute, veut dire que les braves paysans doivent bénéficier en droit des soins dignes à leur rang. A cet effet, les établissements étatiques de santé doivent être décentralisés et restés le plus proche possible des bâtisseurs de notre économie que sont les agriculteurs. Je voudrais insister par la même occasion sur la qualité des infrastructures de santé, car un personnel de qualité travaillant dans un système défaillant est tout de même du gâchis. Il ne s'agit pas non plus pour tous les résidents en Côte d'Ivoire de s'expatrier pour résoudre leurs problèmes de santé. Cela est à l'origine d'un manque crucial de confiance non seulement en nos hommes exerçant dans la santé, mais aussi et surtout aux matériels utilisés dans nos structures de santé. L'Etat devra rassurer tous ses citoyens et tous ceux qui vivent en Côte d'Ivoire par une politique claire et juste du système de santé. De même, c'est à la politique générale de santé définie par l'Etat ivoirien que doivent s'aligner les structures privées de la santé et non le contraire comme nous l'observons. Nous sommes sans ignorer que la santé doit être au centre de la politique d'une nation qui se veut émergente et développée. L'Ivoirien nouveau dans une Côte d'Ivoire sexagénaire est celui-là même qui a toutes ses capacités, aptes à produire, à participer aux enjeux et défis de la Côte d'Ivoire post 2020. De la même manière notre pays se veut émergent à l'horizon 2020, c'est de cette même manière, a priori d'ailleurs, que les populations qui peupleront cet espace ivoirien surveilleront leur santé comme la prunelle des yeux. Tout le monde a droit à la santé comme à la vie.

La Côte d'Ivoire laïque

La Côte d'Ivoire est un Etat laïc, c'est-à-dire sans aucun parti pris du point de vue confessionnel. Les politiques publiques ne promeuvent aucune confession religieuse. Ce qui devrait être un avantage au vu de sa diversité ethnique, religieuse, culturelle, linguistique, etc. – et surtout de sa coloration politique arc-en-ciel multipartite. Le soixantenaire de la Côte d'Ivoire à l'horizon 2020 doit aussi être la célébration de l'inclusion de toutes les confessions religieuses dans les prises de décision politique et l'orientation générale de la politique publique de l'Etat. Les Ivoiriens dits religieux ne doivent pas seulement être sollicités dans les prières en faveur de la Côte d'Ivoire, mais de même pour participer à la définition des politiques de l'Etat. La laïcité de notre pays le met dans une posture de démocratie préalable à tel point que toutes les politiques publiques se veulent être fondées sur des valeurs démocratiques – qui exigent les points de vue de toutes les couches constituantes de la sphère ivoirienne. Pour ce faire, tous les Ivoiriens ou toute personne vivant sur le territoire ivoirien doit pouvoir cerner (clairement) la notion de laïcité dans un pays comme le nôtre par le biais d'un programme d'éducation/information générale. La Côte d'Ivoire, âgée de soixante ans, doit être à mesure de planifier et gérer les heurts (s'il y en a) entre les cultures confessionnelles des Ivoiriens et/ou leurs hôtes. Et tout ceci au prix de la vision politique des dirigeants et acteurs qui croient aux objectifs de la Côte d'Ivoire à l'horizon 2020 ou post 2020. Il faut une politique plus élargie de l'Etat aux institutions religieuses et culturelles pour incarner une République aux fins fonds des valeurs traditions africaines de façon générale et particulièrement celles de la Côte d'Ivoire. Ainsi, la composition de l'équipe de l'instance décisionnelle de l'Etat se verra être plus dynamique et consensuelle – gage de démocratie et de liberté du peuple souverain de Côte d'Ivoire.

Les institutions de l'Etat

Il s'agit ici des institutions républicaines. Ce sont des services de l'Etat dont la gestion dépend purement de ses agents conformément à l'orientation d'une politique générale. Je dois rappeler que l'efficacité et la performance de ces institutions participent activement à la construction d'une nation plus forte et très solide. Ceci dit, dans ses objectifs de faire de ce pays l'eldorado en Afrique, voire au plan mondial, la Côte d'Ivoire doit se doter d'institutions fortes, d'une gestion mieux définie et conforme aux politiques de développement pouvant s'inscrire au programme national de développement (PND). Cela demande certes un engagement de l'Etat à fournir du matériel technique performant pour la bonne gestion de ces institutions, mais aussi un personnel de qualité et conscient de l'intérêt général dans la gestion des biens publics au profit de chacun des Ivoiriens et tous ceux qui vivent sur le territoire ivoirien. Rééduquer l'Ivoirien en lui inculquant des notions de changement pour les perspectives 2020 en tant que citoyen honnête, cultivé, culte qui incarne les valeurs démocratiques et qui accorde une importance capitale aux institutions de la République doit être le credo de la Côte d'Ivoire émergente. Un Ivoirien qui ne détruit pas, mais qui participe à la construction de la nation : un Ivoirien nouveau dans une Côte d'Ivoire nouvelle. Voici l'image tant recherchée des amoureux et/ou les futuristes qui espèrent voir ce pays de l'Afrique de l'Ouest émerger. Disons-le haut, fort et sans ambiguïté que le développement de la Côte d'Ivoire passe par la construction d'institutions fortes et surtout par la valorisation du capital humain : l'éducation. Entendons donc par institutions fortes des Hommes qualifiés, rigoureux et intègres qui exercent leurs fonctions régaliennes dans la stricte soumission des règles de l'Etat. L'intérêt public d'abord et les individualités s'ensuivront aisément. Telles seront les valeurs de l'Ivoirien à l'horizon 2020. Chacun, conscient de cette situation, doit se formater au modèle émergent afin de (ré)éduquer ses pairs quand besoin se fera sentir.

Le système de recherche scientifique

L'un des principaux moyens de développement demeure la recherche scientifique inclusive. La Côte d'Ivoire de 2020 se veut être le pôle de la recherche scientifique comme elle l'est déjà pour l'économie en Afrique subsaharienne. Pour ce faire, les voies sont connues. Je voudrais à cet effet faire une motion en tant que, moi aussi, Ivoirien assoiffé de changement. La tendance actuelle de la mondialisation donne une dimension interétatique – voire continentale dans les plans de développement des nations. Dans son programme de pays émergent à l'horizon 2020, la Côte d'Ivoire devra encore nouer des accords et non de contrats avec d'autres Etats en matière d'échanges de technologies et de recherches scientifiques, gage de développement. Elle se doit de valoriser impérativement les travaux des enseignants et/ou enseignants chercheurs exerçant au compte de la Côte d'Ivoire. Il n'est point question de contraindre les recherches à répondre aux exigences de développement que s'est donné la Côte d'Ivoire, mais plutôt d'utiliser à bon escient ces travaux. Du moment où les travaux des recherches viennent des agents de l'Etat issus de notre système éducatif et spécialisés dans des disciplines spécifiques enseignées dans les universités et centres de recherche, l'Etat a pour devoir de vulgariser ces recherches. Ainsi, s'il y a besoin, alors l'Etat doit nécessairement réformer le système éducatif depuis le début jusqu'au supérieur en vue de l'adapter aux besoins de développement de la Côte d'Ivoire. La culture éducative reçue dans le système d'éducation est en conformité avec les résultats des recherches des spécialistes. Un pays qui se veut émergent comme le nôtre doit allouer un fort budget dans la recherche scientifique et technologique inclusive et solliciter des connaissances à travers la formation de sa jeunesse pour assurer la relève plus tard. L'éducation et la formation au cœur de tout développement, ai-je dit. De même, la promotion de la qualité des infrastructures compétitives au plan mondial est aussi obligatoire, car si les hommes de qualité exercent dans des structures défaillantes, cela peut être considéré comme ruine et désespoir semblable à un bateau sans gouvernail qui échouerait sur les plages du désespoir et du découragement. L'émergence de la Côte d'Ivoire post 2020 suppose non seulement des universités, centres de recherche, instituts de qualité, mais aussi et surtout des hommes qualifiés et aguerris dans le domaine de la recherche scientifique et technologique ; des recherches conformes au plan national de développement (PND). L'intensification de la mobilité des connaissances à travers la coopération scientifique avec d'autres universités, instituts et/ou centres de recherche est plus que nécessaire dans une Côte d'Ivoire émergente. Je dois en même temps avouer qu'il faut parallèlement construire de nouvelles infrastructures pour accueillir le nombre croissant d'étudiants aptes à faire de la recherche. Il ne s'agit pas de ce point de vue de réhabiliter seulement celles existantes, mais de décentraliser par la construction – à travers tout le territoire national – de centres et instituts de recherche pour permettre à tous d'accéder à ces centres.

L'environnement

Le système environnemental de la Côte d'Ivoire est composite. Il referme différents types de relief, de forêt et de savane qui doit être un avantage pour le pays à économie agricole. En effet, puisque le succès de la Côte d'Ivoire repose (encore) sur l'agriculture, il s'avère impératif que l'environnement soit un précieux bien à exploiter avec minutie et ingéniosité. Le respect de l'environnement est une question d'actualité et fait l'objet de plusieurs sommets, séminaires et conférences à travers le monde. L'environnement conditionne le climat et détermine les acquis météorologiques d'une région donnée. En fait, la Côte d'Ivoire étant un pays agricole, le strict respect des normes de l'environnement lui permettra de prévoir *indirectement* les saisons qui seront très utiles pour les récoltes. Aussi, signalons que l'assainissement de l'environnement participe activement à la santé des espèces vivantes. L'homme est le potentiel destructeur de l'environnement par ses agissements et son désir insatiable de possession des biens matériels. L'un des enjeux qui sous-tendent le développement de la Côte d'Ivoire demeure l'environnement dans toutes ses apparitions naturelles puisque le respect du cycle climatique situe le paysan dans ses productions agricoles et surtout la maîtrise des périodes météorologiques augmente de façon significative la production et donc les performances économiques de ce pays unilatéralement agricole. Au vu de tous ces enjeux que représente l'environnement dans les plans d'émergence de la Côte d'Ivoire et surtout dans l'amélioration de la santé des populations à travers le monde, il est plus qu'impératif que les futurs dirigeants de la Côte d'Ivoire émergente à l'horizon 2020 soient intéressés aux questions de la protection de l'environnement. Il s'agit en général pour les pays africains de mener une politique bien définie de la sauvegarde des acquis environnementaux et aussi d'une réelle sensibilisation des populations qui – peut-être – ignorent les atouts/bienfaits de l'environnement. Il faut inscrire dans les agendas de développement de la Côte d'Ivoire une véritable volonté en menant des campagnes pour informer les populations sur les questions de l'environnement ; éduquer les populations surtout celles qui sont analphabètes à cultiver le civisme vis-à-vis de l'environnement et à respecter leur milieu de vie. L'Ivoirien nouveau de la Côte d'Ivoire émergente se veut être celui-là même qui respecte scrupuleusement les normes environnementales. C'est l'un des plus grands défis de l'émergence de la Côte d'Ivoire dans la vision 2020.

Les médias

Les médias constituent une force indéniable d'information dans la vie. Ils sont par conséquent les canaux à partir desquels s'informent les populations du monde entier. A l'état actuel de l'évolution du monde, les médias sont incontournables dans la gestion des entités. En Côte d'Ivoire, ceux-ci jouent un rôle déterminant dans l'actualité quotidienne et sont à la fois l'oreille et la bouche du peuple. Toutes les populations s'informent par les médias. A cet effet, les différentes sources médiatiques sont la presse écrite, la télévision, la radio, Internet, etc. Il faut reconnaître que le monde des médias – quel que soit le support d'information – conditionne l'atmosphère publique dans un pays comme le nôtre. Puisque la gestion des informations à portée publique est très délicate surtout quand on sait que plus de la moitié de la population est analphabète, la vie des médias se veut être formellement régie par des règles de jeux très strictes. Il est donc recommandé qu'en Côte d'Ivoire média et justice fonctionnent en tandem pour que soient tamisées les informations livrées à la consommation des populations. De même, le secteur des entreprises d'information doit être libéralisé et formalisé afin que les sources d'information soient comparées et rendues crédibles. La Côte d'Ivoire sexagénaire aura besoin d'une réforme substantielle dans le domaine des médias pour une indépendance dans les sources d'information et de communication. Il est temps que les acteurs de l'appareil médiatique prennent autant de temps pour contrôler véritablement le secteur afin d'éviter les confusions d'exercice de la part de ceux qui s'intéressent à ce domaine à risque. Il faut savoir qui fait quoi et qui est appelé à faire quoi. Alors, il est vrai que le droit à l'information relève d'un droit fondamental à l'espèce humaine, mais cela y va également avec la crédibilité de celle-ci. Il n'est donc pas question de s'informer à n'importe quelle source, mais de le faire avec beaucoup de prudence et d'abnégation pour que celles-ci soient vérifiables et surtout crédibles ; rien n'est à considérer comme dogme et encore moins comme parole d'évangile : il s'agit de se nourrir à l'information vraie.

Le transport

Le transport des personnes et des biens est très déterminant dans un Etat puisqu'il participe foncièrement à la vie économique et sociale des habitants dans cet Etat. Les moyens de transport en Afrique de façon générale et spécifiquement en Côte d'Ivoire déterminent les productivités des citoyens. Ainsi, la fluidité des trafics et le respect du Code de la route par les usagers s'avèrent comme la condition *sine qua non* pour rehausser le niveau des échanges économiques et un équilibre de la balance au niveau des commerces. Le niveau de développement d'une nation n'est pas pris seulement dans l'arène urbaine – au contraire il fait plutôt référence à la décentralisation des institutions et le désenclavement des régions/zones les plus reculées du pays.

Dans le cas de la Côte d'Ivoire, il faut relever la mauvaise politique agricole de l'Etat ivoirien, car, jusqu'à preuve du contraire, le succès de notre pays repose (toujours) sur l'agriculture. Or, les régions agricoles souffrent encore de leurs désenclavements par la création des pistes et des voiries pour l'évacuation des produits. Reformer le secteur du transport en Côte d'Ivoire s'avère être l'unique solution pour relever le niveau de vie des Ivoiriens et d'ailleurs de tous les habitants de la Côte d'Ivoire. Cela implique plusieurs autres domaines – et nécessite la « formalisation » totale du secteur du transport. A cet effet, pour une meilleure gestion des espaces agrées (les routes, les pistes, les gares routières, etc.), l'Etat de Côte d'Ivoire doit, impérativement, reformer et définir systématiquement les principes d'utilisation de ces espaces. Il est question de contrôler et de maîtriser le fonctionnement des activités liées au trafic routier, ferroviaire, maritime, lagunaire et même aérien sur toute l'étendue du territoire ivoirien. Il s'agit surtout de rappeler à toutes fins utiles que la Côte d'Ivoire bénéficie d'un réseau de transport très dynamique grâce à son ouverture maritime géographiquement avantageuse et aussi des accords commerciaux avec ses voisins immédiats. Cependant, il est temps, selon les objectifs et les défis à relever dans la construction d'une Côte d'Ivoire émergente à l'horizon 2020, de (re)créer d'autres zones de (re)dynamisation du transport ivoirien. Partant de son statut de pays exportateur de matières premières, l'Etat ivoirien doit créer d'autres sillons d'évacuation des produits. En effet, l'urbanisation des régions passe inéluctablement par le désenclavement des zones de production des matières premières par la création des voies et l'entretien de celles qui existent déjà pour garder leur praticabilité. De même, l'orientation des trafics maritime et lagunaire demeure décisive dans la vision d'une Côte d'Ivoire sexagénaire en 2020 puisqu'il faut nécessairement évacuer les produits. C'est pourquoi les ministères en charge du Transport et de l'Agriculture doivent travailler en synergie d'action avec les structures d'entretien/création de la voirie pour une parfaite réussite du cheminement des produits depuis les zones de production jusqu'à la transformation finie. Les créations de routes, des réseaux aériens, maritimes, etc., permettront à la Côte d'Ivoire d'atteindre les objectifs de développement qu'elle s'est fixé à l'horizon 2020 pour être une nation dynamiquement émergente.

Le commerce

Le choix du système commercial d'un Etat dynamise la balance commerciale et rehausse l'économie. En Afrique de façon générale et en Côte d'Ivoire d'une manière spécifique, le système commercial promeut le secteur informel. En effet, la libéralisation des secteurs commerciaux clés de l'économie ivoirienne est (toujours) problématique et s'avère n'être pas d'actualité dans les projets de développement durable s'inscrivant dans les plans nationaux de développement (PND). Dans sa dynamique de poumon de l'économie en Afrique de l'Ouest, la Côte d'Ivoire doit construire un réseau commercial ingénieusement élaboré. Ceci dit, elle doit adopter un plan de développement fondé sur la binarité commerciale import-export. A propos de la balance commerciale interne, le premier pays producteur de cacao doit l'être toujours en (re)dynamisant son réseau de commerce par la promotion des secteurs d'activité qui sont à la base. A cet effet, comme le succès de la Côte d'Ivoire est focalisé sur son système agricole, il est impératif que le plan d'émergence à l'horizon 2020 sollicite efficacement les secteurs commerciaux. L'orientation de la politique commerciale de la Côte d'Ivoire doit s'inscrire dans la droite ligne de la formalisation des secteurs surtout les commerces à faible revenu. La balance commerciale d'un pays est fonction des normes d'importation et d'exportation des produits, de l'efficacité transactionnelle des produits due à la gestion et au dynamisme des responsables des secteurs du commerce. C'est pourquoi le ministère du

Commerce et les ministères connexes doivent travailler en synergie d'action pour un contrôle efficient des secteurs. La fluidité de l'exportation des produits agricoles comme le cacao, le café, l'anacarde, le coton, etc., permettra à la Côte d'Ivoire de maintenir son rang de pays typiquement agricole ; ainsi que l'importation des produits pouvant permettre la dynamisation de l'agriculture ivoirienne. Aussi, dans sa marche vers l'émergence, la Côte d'Ivoire devrait-elle renforcer ses échanges commerciaux avec les autres pays à économie agricole pour plus d'efficacité dans la gestion de leur produit. Il s'agit en effet de trouver des programmes communs de développement avec les partenaires commerciaux en vue de rendre les échanges plus compétitifs au niveau international. Le secteur informel du commerce en Côte d'Ivoire constitue un maillon essentiel dans la balance commerciale. Ainsi, la non-déclaration des activités issues du secteur informel fait perdre d'énormes sommes d'argent dans les revenus de l'Etat ivoirien et les populations restent vulnérables face à certains phénomènes comme les assurances maladies, les accidents de travail, les risques d'incendie, etc. Il faut faciliter les démarches d'obtention des registres de commerce et autres démarches qui permettraient aux acteurs du commerce de déclarer leurs commerces à l'Etat, informer et former les commerçants quant à l'importance de la déclaration de leur entreprise dans le registre de l'Etat ivoirien, sensibiliser le citoyen ivoirien à l'honnêteté citoyenne en payant ses impôts, organiser les petites et moyennes entreprises au niveau des organes communaux, mieux circonscrire les marchés informels afin de les légaliser si possible : c'est la formalisation des secteurs du commerce. Telles sont les valeurs à inculquer aux Ivoiriens de la Côte d'Ivoire émergente à l'horizon 2020 tant souhaitée par les dirigeants politiques et même les populations ivoiriennes dans l'ensemble.

L'entrepreneuriat

Voici le domaine qui constitue l'une des figures emblématiques de l'émergence dans le monde : l'entrepreneuriat. Quand les entreprises se portent bien dans un pays, c'est que tout va bien et le pays émerge. Même si d'autres facteurs comme la sécurité, la gouvernance du pouvoir politique et la stabilité conditionnent le développement d'un Etat, force est de constater que les résultats palpables du développement se révèlent dans la croissance économique des entreprises nationales et même internationales exerçant dans un Etat donné. C'est juste pour signifier que les performances économiques des entreprises concrétisent l'émergence d'une nation. Dans la plus grande majorité des pays africains, les entreprises sont mal en point – sinon ne participent pas véritablement à la croissance économique à cause du choix de gouvernance des politiques et des décideurs. En effet, l'implantation d'une entreprise dans un Etat respect certaines normes prescrites par l'orientation de la politique générale de cet Etat qui est en conformité d'ailleurs avec le Plan National de Développement (PND). Le processus d'émergence de la Côte d'Ivoire à l'horizon 2020 doit se focaliser sur la (re)dynamisation des secteurs de l'entrepreneuriat – laquelle dynamisation absorbera le sempiternel problème de chômage des diplômés. Il est question d'assainir et d'alléger les conditions d'implantation des entreprises afin de permettre à plusieurs d'entre elles de s'implanter. Plus il aura d'entreprises, moins il aura de chômeurs ! Pour ce faire, la politique entrepreneuriale de la Côte d'Ivoire émergente se veut dynamique et surtout doit faire partie intégrante du programme de gouvernement. Il s'agit d'emmener l'Ivoirien nouveau à être entrepreneur et bannir toute idée farouche d'intégration à la fonction publique, car l'Etat de Côte d'Ivoire n'est guère à mesure d'engager tous les diplômés à la fonction publique, malheureusement. Il est clair et indiscutablement vrai que l'Etat n'est pas pourvoyeur d'emploi, il embauche simplement quelques diplômés qualifiés pour la formation des assoiffés de connaissance moyennant une récompense salariale mensuelle. Ainsi, l'Afrique tout entière a intérêt à dynamiser son secteur entrepreneurial pour diminuer de façon considérable son taux de chômage. Dans la dynamique de résolution des problèmes de sous-développement, seules les entreprises sont à mesure d'apporter efficacement des esquisses de solutions durables en exprimant continuellement leurs besoins à l'Etat pour créer l'interconnectivité entre l'Etat et elles. En fait, le chemin est connu, la voie à suivre est tracée avec les exemples des pays déjà à un niveau de développement appréciable. Il faut durablement inculquer la notion d'entrepreneuriat aux Ivoiriens depuis leur formation initiale jusqu'au niveau supérieur : cela doit être une culture pour l'Ivoirien nouveau vivant dans une Côte d'Ivoire émergente à l'horizon 2020. De même, la politique managériale de l'Etat de Côte d'Ivoire pour l'insertion des jeunes diplômés doit créer une fluidité professionnelle au niveau des entreprises en collaborant étroitement ; et si possible faciliter les conditions de stage des apprenants en fin de cycle et/ou en besoin d'apprentissage pratique dans le domaine d'étude. Ceci permettra aux diplômés d'avoir des notions pratiques et donc aptes à exercer en entreprise et aussi à être productif. Ils participeront ainsi à la croissance économique de la Côte d'Ivoire et par ricochet à l'émergence de la nation ivoirienne.

L'honnêteté citoyenne

L'honnêteté citoyenne s'obtient dans l'éducation – dans le processus d'acquisition de la connaissance – que promeut le système éducatif d'un pays. Cela se fait objectivement à travers le programme d'enseignement conçu par le pouvoir décideur en conformité avec le Plan National de Développement (PND). Je pense que l'un des problèmes cruciaux – sinon l'unique d'ailleurs – est l'éducation. Tout se situe au niveau de l'acquisition des connaissances à l'école. C'est une culture des valeurs citoyennes qu'il faut promouvoir dans notre système éducatif. Il s'agit d'inculquer ces valeurs aux Ivoiriens émergents à l'horizon 2020. En fait, la culture à l'honnêteté citoyenne n'est pas un vain mot, mais elle doit être pratique donc perceptible dans les comportements de tous les jours. Cela se consolide par un amour patriotique sans faille qui se traduit par le respect des biens publics, le respect des droits de l'homme et les textes fondamentaux qui en découlent, la déclaration des droits fiscaux, le respect des institutions de l'Etat et les personnes qui les incarnent, l'amour du travail (bien fait) dans l'union et la discipline. En d'autres termes, l'Ivoirien qui porte *le refrain de l'Abidjanaise* dans la totalité de son cœur et visible à l'extérieur dans son comportement vis-à-vis de la nation ivoirienne. Il est question du respect scrupuleux des textes fondamentaux qui régissent l'Etat ivoirien. L'honnêteté citoyenne révèle la substance exemplaire préconisée par l'Etat de Côte d'Ivoire aux citoyens ivoiriens et tous ceux qui y vivent. C'est un mode de fonctionnement politique adopté par l'Etat dans son choix de gouvernance et qui est considéré comme vrai et idéal. Tout Ivoirien de nationalité et/ou vivant sur le territoire national devra se conformer strictement à ce mode de gouvernance au risque de subir les proscriptions qui en découlent. L'honnêteté citoyenne participe activement à l'émergence d'une nation si et seulement si elle est érigée en programme de gouvernement et en campagne de sensibilisation régulièrement orchestrée sur toute l'étendue du territoire national. Les contenus des maquettes pédagogiques du système éducatif doivent promouvoir le sens véritable de l'action citoyenne dans la construction d'une nation qui se veut être développée et/ou émergente comme la nôtre. La Côte d'Ivoire a (impérativement) besoin de l'honnêteté de ses citoyens pour asseoir un programme de développement durable efficace dans lequel doivent adhérer tous les fils et filles de la nation ivoirienne – au sens patriotique du terme – et même les non nationaux qui, eux aussi, aiment ce beau pays aux multiples potentialités naturelles. L'émergence se définit aussi comme des engagements des citoyens vis-à-vis de la nation ivoirienne. Ils placent l'amour de la patrie au-dessus de tout autre intérêt.

Les partis politiques

La vie des partis politiques dans la construction d'une nation est déterminante. La démocratisation du climat politique reste la voie privilégiée pour une politique générale dans un pays dit en voie de développement. Il s'agit de s'unir dans le désaccord d'analyse afin que prime l'unité nationale au grand intérêt des populations et surtout les plus vulnérables. L'amour patriotique demeure le même : la construction d'une Côte d'Ivoire où il fait bon vivre par les principes de la démocratie. La démocratie comme la liberté d'expression : il s'agit de donner libre expression à tout citoyen de se prononcer sur les questions d'actualité et même de faire ses propres analyses. Il peut par conséquent critiquer librement le pouvoir, dénoncer les tares et les dérives des dirigeants politiques et même prédire les choses d'intérêt général dans le strict respect des règles d'éthique et de déontologie.

La démocratie comme liberté d'entreprendre : il faut permettre à tout citoyen d'entreprendre librement selon ses aspirations et ses convictions et de donner à égalité de chance les opportunités d'offre d'emploi et de marché à ceux qui s'y intéressent. Le mérite et l'excellence doivent être la seule et unique condition d'obtention des parts de contrats étatiques et non du favoritisme discriminatoire.

Le multipartisme est l'un des maillons essentiels du principe de démocratie dans un pays. Il favorise la dimension plurielle des analyses et permet de « démocratiser » les avis sur des questions essentielles dans la construction d'une nation au régime démocratique.

Cependant, l'utilisation des régions, des religions et des ethnies comme des bastions des partis politiques est à proscrire. Cela est contre les principes de la démocratie. En Côte d'Ivoire, les dirigeants politiques adoptent ces stratégies politiques pour intoxiquer les populations dans l'unique objectif d'accéder à la magistrature suprême de l'Etat alors que les projets de société inscrits dans une candidature à une élection présidentielle ou même autre ne doivent pas être régionaux ou liés à la religion du candidat et non plus destinés aux co-religionnaires du prétendant au fauteuil présidentiel. Le président de la République de Côte d'Ivoire est celui de tous les Ivoiriens sans considération de région, de religion et d'ethnie.

La conquête du pouvoir

Ici, il s'agit du pouvoir politique. Le processus d'acquisition du pouvoir politique en Côte d'Ivoire est clairement défini et connu de tous : la voie démocratique. Ainsi, chaque pays a ses lois et principes de fonctionnement compilés théoriquement dans un document appelé constitution − laquelle constitution dicte et définit les fondamentaux de la République. En effet, le choix du régime politique de la Côte d'Ivoire est la démocratie, c'est-à-dire le pouvoir au peuple, pour le peuple et par le peuple. C'est le peuple qui exerce le pouvoir – c'est lui qui décide du choix de ses dirigeants, des élus. En clair, dans un régime politique au choix démocratique, les dirigeants exercent le pouvoir sous l'autorité suprême du peuple souverain. Le processus d'acquisition du pouvoir politique étant succinctement défini avec son corollaire de principes, le recours à d'autres voies est formellement proscrit. A cet effet, l'unique moyen de conquérir le pouvoir politique dans ce pays en voie d'émergence reste et demeure celui des normes démocratiques : le choix du peuple. Aussi, voudrais-je préciser, à toutes fins utiles, que l'alternance du pouvoir politique dans un pays au régime démocratique est possible, mais elle doit se faire en conformité avec les principes de la démocratie. L'histoire récente de la Côte d'Ivoire met à mal les performances de la démocratie. Les différentes crises militaro-politiques qui ont secoué le pays ont saboté le processus de démocratisation de la nation ivoirienne. Ce qui crée le mésaise du point de vue de la démocratie dans la plus grande majorité des Etats africains est que c'est à la suite des élections que naissent les conflits politiques – signe de dysfonctionnement des principes de la démocratie. En démocratie, il faut l'alternance pacifique du pouvoir politique. Les enjeux électoraux dans les Etats en voie de développement diffèrent des réels principes de la démocratie qui stipulent que les élus politiques doivent être au service des peuples – selon les vœux des populations – les seules d'ailleurs qui détiennent le pouvoir d'élire les dirigeants de leur choix : on ne vient pas à la politique pour s'enrichir, dois-je dire en d'autres termes. Les objectifs de développement pour une Côte d'Ivoire émergente à l'horizon 2020 doivent promouvoir les principes de démocratie en période électorale et post-électorale ; les moments sensibles de l'alternance du pouvoir politique. Tel est l'un des défis à relever pour les futures élections en 2020. L'ultime voie pour la conquête du pouvoir politique en 2020 doit être celle de la maturité parce que nous aurons appris les leçons du passé récent qui a marqué toute une humanité et laisse encore des cicatrices indélébiles dans les cœurs des populations meurtries. C'est déplorable et dommage de constater que certains hommes politiques utilisent d'autres moyens incongrus pour accéder à la magistrature suprême de l'Etat. La Côte d'Ivoire souffre des blessures orchestrées par les périodes transitoires. Depuis le parti unique jusqu'aujourd'hui en passant par l'avènement du multipartisme, la Côte d'Ivoire n'a jamais réussi aucune compétition électorale politique. Cela se solde *toujours* par des conflits politiques à la recherche d'intérêts personnels qui trahissent la volonté du peuple souverain. Le processus électoral de 2020 doit être couronné de succès par la pacification de l'espace politique ivoirien. C'est le devoir de tous pour une paix durable et la construction de la démocratie révélée.

La justice

Le pouvoir judiciaire est le socle de la démocratie dans tout Etat de droit. Aucun développement ne peut être effectué si le pouvoir judiciaire est partisan et corrompu. En effet, en Côte d'Ivoire la justice a été à plusieurs reprises à la base de nombreux conflits en période électorale et/ou post-électorale. Distinguer le pouvoir politique du pouvoir judiciaire dans la construction d'une démocratie reste le socle du fonctionnement d'une nation plus solide et mieux intégrée, car tous les Hommes naissent égaux, et d'ailleurs nul n'est au-dessus de la loi. En effet, dans la vision 2020 de la Côte d'Ivoire émergente, l'Ivoirien nouveau doit connaître ses droits et solliciter le pouvoir judiciaire quand il le faut. Le droit et la justice sont les éléments fondamentaux sur lesquels repose le fonctionnement de l'Etat et ses institutions. Toute personne vivant sur le territoire ivoirien se doit de respecter les textes qui régissent l'Etat de Côte d'Ivoire : la constitution. Chaque pays a ses lois et sa constitution, c'est-à-dire les fondamentaux qui orientent la politique nationale du pays. A cet effet, l'Ivoirien nouveau est celui-là même qui vivra conformément aux lois et principes démocratiques prescrits par la constitution de la troisième République. Dans une nation émergente à l'horizon 2020, le système judiciaire et le droit doivent constituer les piliers d'un développement solide et durable. Pour ce faire, il faut créer les centres de développement du droit et de la promotion de la justice – une justice accessible à tous, équitable et impartiale qui promeut et garantie les droits des citoyens résidents sur toute l'étendue du territoire ivoirien ou vivant en dehors même du territoire, mais bénéficiant du droit ivoirien. De même, vu le caractère universel du droit, tout citoyen ivoirien émergent doit pouvoir assimiler les notions claires du droit international et de son universalité : un citoyen qui est figure emblématique du droit et de la loi. Le projet de construction d'une Côte d'Ivoire émergente à l'horizon 2020 sollicite la justice entre tous ceux qui y vivent et même au-delà du territoire ivoirien. La justice n'a ni de territoire ni de couleur de peau et encore moins d'ethnie. Elle doit être transnationale, voire interplanétaire. C'est en ce sens que la justice constitue le piédestal dans le fonctionnement d'un Etat comme le nôtre qui opte pour le régime de la démocratie. Ainsi, l'appareil judiciaire est la plus haute instance juridictionnelle d'un Etat. Il définit, oriente et garantit la stabilité nationale par des moyens appropriés et légaux fondés sur les textes fondamentaux juridiques. Les dérapages juridiques dans le fonctionnement d'un Etat au régime démocratique comme la Côte d'Ivoire constituent une sorte de péché originel. La justice supplante tout organe de l'Etat. Elle doit être rigoureusement impartiale et objective dans la gestion des situations qui nécessitent que justice soit rendue ; ce qui veut dire que la justice est au-dessus de toute personne qui exerce un pouvoir politique ou administratif. Les justiciers et/ou juges doivent à cet effet rendre justice à tout instant, à n'importe quel moment et à tous méritants au nom de la justice : c'est l'incarnation de la démocratie sociale. De même, les textes juridiques d'un Etat doivent être clairement statués et élaborés pour pallier d'éventuelles situations pour que la justice ne se sente pas incapable de faire justice dans des cas bien précis. Le développement d'un pays en voie d'émergence passe irrécusablement par l'efficacité de son système judiciaire et aussi par l'incorruptibilité des agents en charge de la justice. Il faut reconnaître que la justice est l'essence de nos sociétés et définit les rapports entre les entités et les Hommes : c'est ce qu'il y a de fondamental dans les pratiques démocratiques.

L'émigration de l'élite

Le phénomène de la mondialisation impose aux Etats l'échange des connaissances et des talents entre les différents Etats du monde. Il s'agit d'un monde en perpétuelle construction d'idées dynamiques en vue de répondre aux besoins urgents des sociétés. Les élites ivoiriennes et plus généralement africaines ont tendance à émigrer hors de leurs pays d'origine pour valoriser les acquis. Elles ont la préférence royale de s'exiler pour plusieurs raisons afin de se faire valoriser à la hauteur de leurs qualifications académiques et/ou professionnelles. La mauvaise gouvernance et l'orientation politique des dirigeants qui défavorisent la recherche mettent à mal l'élite africaine de façon générale et motivent d'ailleurs les intellectuels à trouver refuge dans les pays dits développés pour y vivre. La fuite des « cerveaux » africains est l'une des conséquences les plus dramatiques de l'appauvrissement du continent. Les politiques africains ne distinguent pas le pouvoir politique de celui de l'instance académique et les recherches académiques pouvant permettre de prévoir les situations à venir sont méprisées. Les résultats des recherches des chercheurs locaux ne sont pas utilisés dans les programmes d'activités et ils sont banalisés. Ce qui constitue un alibi très solide pour ces académiciens chercheurs d'aller se faire valoir ailleurs. De même, les centres d'intérêt des instituts de recherche et universités ne concordent pas avec les plans nationaux de développement. Cela crée un dysfonctionnement notoire entre la politique de l'Etat et les résultats des recherches. Il faut le dire haut et fort que les programmes de formation des élites ivoiriennes ne répondent pas aux besoins réels des employeurs et/ou des entreprises. Ce qui est à la base de l'augmentation du taux de chômage dans les pays africains de manière générale et particulièrement en Afrique subsaharienne dont la Côte d'Ivoire. Pour une politique adéquate et en conformité avec les recherches des élites ivoiriennes, l'Etat de Côte d'Ivoire doit définir objectivement les défis à relever, identifier les points focaux et cibler les domaines disciplinaires concernés. Ceci permettra aux chercheurs et enseignants chercheurs de s'intéresser davantage à leurs recherches et de bannir toute idée d'expatrier leur connaissance académique. Ainsi, l'Etat de Côte d'Ivoire gagnera un peu plus en travaillant avec ses citoyens que d'importer des talents. Il est très dommage que la Côte d'Ivoire émergente à l'horizon 2020 laisse émigrer ses citoyens. Pour des questions d'efficacité dans la gestion des ressources humaines et de la valorisation de l'élite ivoirienne, l'Etat doit motiver et encourager les projets nationaux de développement s'inscrivant dans les plans d'émergence de la Côte d'Ivoire 2020. Souscrire aux projets de développement à long terme en utilisant de façon dynamique les résultats des recherches des élites ivoiriennes constitue la meilleure intégration et surtout une manière efficace de conserver les ressources nationales et/ou valoriser le capital humain à l'échelle locale.

La promotion de l'équité

L'équité est la valeur fondamentale de la démocratie dans un Etat de droit. Donner les mêmes opportunités de chance à tous les citoyens d'un Etat revient à faire preuve de démocratie. Ainsi, dans un pays comme la Côte d'Ivoire aux aspirations de pays émergent à l'horizon 2020, il est impérativement crucial de promouvoir l'équité et l'honnêteté citoyenne pour atteindre les objectifs du plan national de développement. En effet, en toute honnêteté, la promotion de l'équité doit se faire sur la base de l'excellence et du mérite. Pour ce faire, il est impératif de partir des principes fondamentaux de l'universalité du droit inhérent de l'homme et de l'égalité des chances parce que tous les hommes naissent égaux. De même, il faut dire que la promotion de l'équité se situe aussi au niveau de la question fondamentale de la lutte pour l'égalité du genre dans les représentativités des services étatiques et du taux de scolarisation, de la présence de la jeunesse dans les instances de décision, de leur responsabilité dans l'orientation de la politique générale du pays, de leur participation active à la construction de la nation et enfin de leur engagement pour un « amour patriotique ». Ainsi, disons grosso modo que l'équité s'inscrit à plusieurs niveaux sociétaux et typologiquement catégoriels. En effet, il faut dire que l'équité même détermine l'ensemble des fonctions régaliennes des élus de la nation, dont le Président de la République. Dans un pays au régime politique basé sur les principes de la démocratie – le cas de la Côte d'Ivoire – l'équité dans la gestion du pouvoir d'Etat est la condition sine qua non pour garantir l'adhésion des populations parce que le pouvoir *appartient* au peuple, il est *pour* le peuple et il est toujours *avec* le peuple. Cela demande une impartialité dans l'adoption des décisions politiques, une liberté d'analyse de l'actualité politique, une autorisation des divergences de point de vue, une pluralité de l'idéologie politique, une égalité de chance d'accès aux institutions de l'Etat, etc. Le choix historique du régime démocratique et la ferme volonté des dirigeants à faire de la Côte d'Ivoire un pays émergent à l'horizon 2020 fondent l'inévitable exercice de l'application des règles d'équité et d'objectivité. C'est pourquoi les élections à venir en Côte d'Ivoire (présidentielle, sénatoriale, législative, municipale) doivent célébrer les valeurs d'équité, de transparence, de justice ; en un mot d'émergence. L'un des aspects de la course au développement de la Côte d'Ivoire est la transparence avec laquelle les élus du peuple gèrent le pouvoir politique selon la réelle volonté et la clairvoyance du peuple. Dans un pays démocratique – qui fonctionne vraiment aux principes du régime démocratique – il est plus que nécessaire de promouvoir de façon continuelle l'équité dans tous les domaines de la vie pour qu'enfin fonctionne la véritable Dé-mo-cra-tie où le peuple exerce lui-même pleinement sa souveraineté.

La jeunesse

Le succès de ce pays repose sur sa jeunesse ! Oui, le succès du monde dépend indiscutablement de la force et le dynamisme de la jeunesse. Mais de quelle jeunesse parle-t-on ?

Il faut remarquer en effet que la population ivoirienne est à coloration juvénile. Ce qui veut dire que la jeunesse constitue un maillon très fondamental dans la couche sociétale de ce pays dit en voie de développement. Si nous sommes unanimes que l'avenir du monde, sinon de la Côte d'Ivoire, appartient à la jeunesse, il faut dire crûment que c'est à la jeunesse responsable, consciente et surtout engagée qu'il s'agit. Le pouvoir politique est au-delà d'un simple partage de gâteau où tous les présents peuvent espérer avoir leur part, mais plutôt une lutte, un jeu d'intello aguerris à mesure de tenir les affaires de la cité dans un élan démocratique. Les jeunes en Afrique de façon générale et en Côte d'Ivoire spécifiquement doivent s'engager résolument dans les structures politiques et des organisations non politiques pour leur formation afin d'espérer accéder à la tête des instances de décision et même à la direction des structures étatiques. En toute chose, il faut une formation adéquate. N'est-il pas vrai que celui qui va loin ménage sa monture ? L'avenir appartient évidemment à une jeunesse motivée, au sens de responsabilité accrue, engagée politiquement, quel que soit le niveau. Je dois le confirmer. Et nous devons tous le savoir en tant qu'Africains lassants que le pouvoir politique ne se donne pas, mais il s'acquiert de façon méritoire. La jeunesse est au cœur de tous les (d)ébats partout dans le monde, mais les jeunes sont hors débat, car ils ne savent même pas prendre leurs responsabilités. Dans une Côte d'Ivoire sexagénaire en 2020, la jeunesse doit se montrer plus mâture de par sa capacité compétitive et son sens inouï à contribuer efficacement à la construction de cette nation qui se veut être plus apaisée, plus intégrée au niveau sous régional et de plus en plus affiché à l'échelle continentale et internationale. Il n'est guère question d'attribuer un quota et/ou un pourcentage de représentativité de la jeunesse dans les institutions étatiques, mais plutôt aux jeunes de s'investir objectivement dans le Programme National de Développement (PND) à travers leurs engagements. L'Etat de Côte d'Ivoire joue l'arbitre des talents et met chacun à la place qu'il faut selon les orientations de la politique générale du pays et les objectifs assignés dans les plans de développement national et international. Il s'agit d'un examen docimologique de talents où les plus méritants et engagés sont honorés au poste qui leur sied. Il n'est nullement question de réserver royalement de la place aux jeunes (comme s'ils sont vulnérables), mais il s'agit de les tamiser afin de tirer les plus méritants : c'est une compétition de talents et d'engagement vis-à-vis de la nation.

Le monde est à la recherche des talents exceptionnels, voire même extraordinaires. Ainsi, au vu du nombre pléthorique de diplômés et de personnes qualifiées, les jeunes doivent se démarquer ingénieusement des prouesses standards et faire la différence en qualification. *On ne donnera pas de la place aux jeunes, on donnera plutôt de la place au plus méritant – mais s'ils sont jeunes, tant mieux.* Telle est la vision du système d'emploi dans un monde mondialisé et que tous les jeunes africains en particulier doivent comprendre et surtout se former en connaissance de cause.

L'égalité du genre

La problématique de l'égalité du genre dans les instances de décision est d'actualité tant en Afrique que dans le monde. Il est malheureux de constater que d'autres sociétés, jusqu'à ce jour, ont encore les tabous phallocratiques qui marginalisent les femmes et fragilisent d'office les systèmes de gouvernance dans le monde. La Côte d'Ivoire n'est pas en marge de cette forme de gouvernance qui consiste à utiliser les femmes accessoirement dans l'administration. Heureusement que la question s'avère brûlante dans tous les domaines d'activités dans la mesure où quelques Organisations Non Gouvernementales (ONG) en font leur politique directrice et tirent sur la sonnette d'alarme en vue d'interpeller les dirigeants. Il s'agit certes de lutter pour la démocratisation du pouvoir de représentativité des femmes dans les instances de l'Etat au nom de la démocratie, mais surtout d'un taux de représentativité méritoire et objectif. Il est chimérique de mener une politique de construction d'une Côte d'Ivoire émergente par la séparation des pouvoirs masculin et féminin. Il faut noter que tous les citoyens ivoiriens ont le même droit de participer à la construction de la Côte d'Ivoire. Et l'unique critère demeure l'excellence et le mérite. Or si tous les Ivoiriens sont éduqués dans les mêmes systèmes, alors il sera injuste, voire anti-démocratique de vouloir privilégier une frange de la population. Dans une perspective 2020 voulue par les dirigeants ivoiriens, l'Etat de Côte d'Ivoire doit mener une politique centrée sur l'encouragement et même l'obligation de la scolarisation de la jeune fille. Le nouveau système éducatif de la Côte d'Ivoire sexagénaire doit privilégier l'égalité du genre dans l'éducation. Cela passera par des campagnes de sensibilisation des parents encore résistants aux programmes de la scolarisation de la jeune fille. Les différents ministères en charge des systèmes éducatifs doivent proposer à l'Etat des programmes de construction d'infrastructures scolaires typiquement réservés aux jeunes filles pour leur éducation et leur encadrement. D'ailleurs, il faut initier et élargir des programmes pédagogiques sous forme de campagne pour expliquer à tous les Ivoiriens que tout le monde a sa place à l'école.

Le système de gouvernance

La politique de gouvernance de l'Etat de Côte d'Ivoire est fondée sur le régime de la démocratie, c'est-à-dire le pouvoir appartient au peuple. C'est le peuple qui élit *librement* ses représentants/dirigeants et oriente la politique générale du pays par ses choix au nom de sa souveraineté légendaire. La gouvernance en Afrique de façon générale et spécifiquement en Côte d'Ivoire a été à la base de nombreux conflits. Les choix des dirigeants politiques font office de discrimination ou de favoritisme avéré. Ce qui crée souvent des frustrations au sein de la société ivoirienne. De même, l'orientation de la politique nationale de développement est centrée et condensée dans les grandes agglomérations. Cette politique déséquilibrée du Programme National de Développement (PND) est source de conflits et de protestation nationale.

La perspective générale du Plan National de Développement à l'horizon 2020 de la Côte d'Ivoire se veut plus décentralisée, plus flexible à chaque région et/ou ville selon ses potentialités économiques et humaines. En effet, la Côte d'Ivoire sexagénaire émergente doit être plus intégrée en Afrique de l'Ouest par le désenclavement de ses principales zones cacaoyères/caféières pour (re)dynamiser ses productions de matières premières, potentielles sources de revenus de ce pays agricole. La gouvernance par le peuple, pour le peuple, c'est-à-dire la démocratie qui est d'ailleurs le régime politique choisi par la Côte d'Ivoire doit se faire par l'association de toutes les composantes de la société ivoirienne, à savoir la société civile, les partis politiques, les Organisations Non Gouvernementales (ONG) et surtout avec l'appui des confections religieuses en guise de confirmation du statut laïc de la Côte d'Ivoire. Gouverner aux principes démocratiques, c'est se mettre au service de son peuple souverain. Il est à noter que le problème de l'Afrique réside dans les choix de gouvernance des dirigeants politiques. En effet, les contenus des programmes de gouvernance sont en contradiction avec les valeurs démocratiques. Les élus, une fois à la direction des affaires de l'Etat, se transforment en de véritables chefs dictateurs qui imposent leur vision politique aux populations. C'est une trahison et un abus de confiance de la part de nos chefs d'Etat. Ne pas respecter la souveraineté de son peuple constitue la plus haute trahison dans l'exercice du pouvoir d'un chef d'Etat et met à mal les principes de la démocratie sociale. Alors, la Côte d'Ivoire sexagénaire à l'horizon 2020 promeut le respect du choix des populations dans une vision démocratique et souveraine : des élections démocratiques et transparentes, des institutions républicaines, des populations libres, des élus responsables, suffisamment qualifiés et instruits, une Côte d'Ivoire respectée et respectable de l'extérieur ; en d'autres termes, un pays mieux intégré dans l'arène continentale, voire mondiale.

La souveraineté

Tout Etat indépendant détient des textes fondamentaux qui fondent sa liberté, son indépendance et son autorité – en un mot sa souveraineté. Il s'agit d'une légalisation de la politique nationale des Etats souverains vis-à-vis des autres. Les Etats indépendants ont un système de fonctionnement basé sur les valeurs fondamentales qui caractérisent leur souveraineté et induisent la compétence exclusive non seulement sur le territoire, mais également confèrent l'indépendance au niveau international. La Côte d'Ivoire est un pays indépendant, donc souverain et elle mène une politique nationale et extérieure en rapport avec les normes internationales. En effet, cette souveraineté se doit être flexible à la politique internationale. Dans l'évolution actuelle des choses au courant de la mondialisation, tous les Etats du monde doivent assouplir leurs souverainetés aux autres textes qui régissent les autres Etats en vue de faciliter les coopérations internationales – gage d'un développement durable et solide. En fait, la souveraineté des Etats doit se construire efficacement pour le plan de développement national et non-être une inhibition de l'évolution des programmes internationaux de développement et/ou créer un mésaise mondial dans la vision politique de la mondialisation. Il s'agit à cet effet, dans la plupart des Etats (surtout africains), de brandir le statut de pays souverain pour mettre à mal les principes de démocratie et de bonne gouvernance. La non-ingérence doit être analysée sous différents angles pour que les Etats en crise se sentent dans une certaine mesure de s'aligner sur les décisions internationales. La Côte d'Ivoire souveraine de 2020est celle-là même qui adapte son Plan National de Développement (PND) au contexte de la mondialisation. La souveraineté d'un Etat est certes fondamentale, mais elle ne doit être évoquée que lorsqu'il s'agit d'un cas de violation de la légitimité de cet Etat. Il est question en effet de la supplantation des textes internationaux à ceux valorisant les acquis nationaux : telle est l'une des visions de la mondialisation. De même, pour une (re)dynamisation des objectifs de développement que se fixent les Etats, il faut mener une politique de souveraineté sommative au niveau des Etats se regroupant dans une organisation au-delà des intérêts étatiques, c'est-à-dire les Etats doivent s'étendre à l'échelle régionale, continentale, voire intercontinentale. C'est l'ère de l'uniformisation des textes et même des objectifs de développement en tenant compte des besoins spécifiques des Etats dits souverains et indépendants.

La migration (clandestine)

La migration ? Ou bien celle qui est clandestine ? L'Afrique est en face de ses réalités. Le monde est face à ces réalités. Il s'agit d'une question de migration dite clandestine, c'est-à-dire un déplacement non autorisé, mais public. Ce malaise mondial est historiquement perçu comme une aide vitale pour « sauver » les nécessiteux. La question fondamentale est simplement de savoir si le déplacement volontaire et/ou involontaire est-il qualifié de migration clandestine. Ou bien c'est plutôt la manière dont se déplacent les migrants qui est qualifiée d'illicite, d'illégale et de clandestine. En effet, faisons la part des choses pour ne pas prendre l'effet pour la cause et en déduire des conséquences dans les (d)ébats.

Tous les pays du monde doivent (re)définir le concept de migration pour trouver une bonne stratégie politique qui sied à cet effet. La notion dictionnairique de la migration n'est pas problématique à mon sens. Il s'agit d'un concept de perception différenciée, car *l'on n'est en sécurité que lorsqu'on est convaincu que le voisin aussi est en sécurité.* En effet, une analyse erronée de la situation pourrait plonger le monde dans un désastre pire que les conséquences de la migration dite irrégulière. Le monde se plie aux exigences des phénomènes inhabituels qui caractérisent notre ère et cela doit être interprété comme étant une des conséquences de la mondialisation et non comme des situations apocalyptiques. Il ne s'agit pas de sauver le monde d'un fléau, mais plutôt d'utiliser les résultats/effets de ces situations en bon escient au profit du développement à l'échelle mondiale. Au vu du chômage, de l'insécurité grandissante, de la prolifération des armes, des guerres, etc., les citoyens ont besoin de migrer dans d'autres endroits à la recherche de mieux-être et au nom du respect des droits de l'homme et des libertés publiques, du droit inaliénable de vie des Hommes et du respect fondamental de la circulation des biens et des personnes, le phénomène de la migration se veut être traité avec plus d'indulgence et de lucidité analytique pour une meilleure élaboration des plans de résolution.

Les phénomènes de la migration doivent être analysés comme une nécessité pour les migrants au nom de leur droit inhérent de vie et pas du tout comme une catastrophe assimilable à un séisme. Pour une meilleure résolution et une bonne visibilité de la situation, les Etats à forte croissance du taux de migrant doivent trouver des accords multilatéraux d'échange afin que les concernés (migrants) soient pris en compte selon les prescriptions desdits accords. La solution de la situation ne réside pas du tout dans les mesures draconiennes et encore dans les discours de dissuasion, mais plutôt dans l'insertion socio-professionnelle des migrants dans les pays d'accueil et/ou de leur choix. A cet effet, la migration des personnes doit être perçue comme un avantage pour l'économie des pays d'accueil au nom des valeurs de la mondialisation.

L'intégration régionale

La Côte d'Ivoire est membre d'une organisation sous régionale qui occupe une des meilleures places en Afrique. Il s'agit en effet de la Communauté Economique des Etats de l'Afrique de l'Ouest (CEDEAO) qui regroupe quinze Etats de la région ouest-africaine. Elle dynamise une politique visionnaire en 2020 qui traduit sa volonté de construire une CEDEAO des peuples à partir de celle des Etats, c'est-à-dire inclure directement les populations dans la politique générale de cette noble institution régionale. A cet effet, la Côte d'Ivoire, en tant que membre géo-stratégiquement favorable dans l'espace CEDEAO doit mettre à profit son ouverture maritime pour la (re)dynamisation de ladite organisation. La politique d'intégration régionale de la Côte d'Ivoire dans une perspective de pays émergent se doit d'être plus flexible et conforme à la vision générale de la CEDEAO. Il s'agit de développer une vision commune en mettant en place un cadre d'uniformisation des politiques d'intégration régionale des quinze Etats membres de la Communauté Economique des Etats de l'Afrique de l'Ouest : tel est le défi majeur à relever pour une intégration réussie de tous les Etats de la communauté ouest-africaine. Tout est une question fondamentale de la « directionnalité » et de l'orientation de la politique de développement de chacun des Etats. Il faut partir du constat le plus général aux spécificités des Etats. La Côte d'Ivoire émergente doit pouvoir adapter sa politique d'intégration régionale aux programmes visionnaires de la CEDEAO, surtout dans une logique de subsidiarité et aussi étendre, autant que faire se peut, les plans de développement au niveau régional. Même s'il est vrai que l'union fait la force, force est de constater que la force de chacun dynamise la force de l'union. Ainsi, la capacité de la CEDEAO à résoudre efficacement les problèmes dans l'espace réside dans le dynamisme de résolution, et surtout de la volonté de chaque Etat. L'émergence de la Côte d'Ivoire passe inéluctablement par sa force d'intégration dans la sous-région à travers l'élargissement des politiques de développement à l'échelle régionale, voire continentale. La Côte d'Ivoire émergente est celle qui est mieux intégrée dans la vision de la Communauté Economique des Etats de l'Afrique de l'Ouest (CEDEAO).

L'intégration africaine

L'Union Africaine (UA) est la plus grande organisation qui regroupe tous les Etats du continent africain. La Côte d'Ivoire sexagénaire en 2020 doit partir d'une nouvelle vision politique d'intégration au sein de l'UA afin de s'afficher brillamment sur l'échiquier continental. De par son potentiel économique (premier producteur mondial de cacao), la Côte d'Ivoire vieille de soixante années d'indépendance en 2020 fera un acte de contrition dans l'arène économique pour des ouvertures des accords commerciaux multilatéraux et de réelles stratégies afin de (re)dynamiser les secteurs clés de l'économie ivoirienne. A vrai dire, l'une des meilleures intégrations d'un Etat est son sens de (re)adaptation de son système économique et/ou financier. Les exigences de la mondialisation obligent les Etats africains en particulier à une collaboration plus franche, ambitieuse et solide dans la mise en œuvre des plans de développement. De même, la politique d'intégration de chaque pays africain doit s'inscrire dans la vision générale de l'Union Africaine (UA). Cela consiste *à profiter du dividende démographique en investissant dans la jeunesse africaine*[6]. Aussi, pour une efficacité dans la gestion des programmes d'intégration africaine, les Etats africains doivent rendre plus flexibles les systèmes de gouvernance pour promouvoir les valeurs de la démocratie sociale, de l'équité, de l'égalité des chances ainsi que le respect des droits fondamentaux des individus. Ce qui pourra sans doute apaiser le continent et pérenniser la stabilité dans l'ensemble des Etats

---

[6] Thème de l'UA en 2017.

africains ; créer de même une atmosphère de libre circulation des personnes et des biens en facilitant des échanges commerciaux et les déplacements des citoyens à l'intérieur du continent. La Côte d'Ivoire indépendante de soixante ans à l'horizon 2020 est celle-là même qui réussit son intégration au niveau du continent par la transparence de la gestion du pouvoir politique, institutionnel et qui fait preuve de démocratie révélée. De même, l'un des facteurs révélateurs d'une intégration réussie est de vaincre la barrière linguistique au niveau du continent. En effet, partant des langues officielles de l'Union Africaine (UA), tous les pays africains doivent objectivement promouvoir ces langues dans les programmes nationaux d'enseignement pour une meilleure circulation de leurs citoyens dans le continent. Tout le monde le sait pertinemment que la barrière linguistique est un véritable handicap hors de son espace linguistique. Pour obvier à ce handicap d'ordre linguistique, l'Etat de Côte d'Ivoire doit établir des programmes de cours assidus de langues (surtout les langues officielles de l'UA) pour une aisance fondamentale des citoyens ivoiriens au cours d'un déplacement dans le continent : c'est l'intégration au niveau linguistique. Cependant, cette intégration linguistique doit être le résultat préalable d'une intégration institutionnelle bien réussie pour mieux négocier les séjours linguistiques des citoyens de l'Etat de Côte d'Ivoire avec d'autres Etats qui n'ont pas les mêmes langues officielles et/ou administratives. La collaboration s'avère étroite et franche du point de vue politique, administratif, militaire, religieux, scientifique, etc.

(Con)vaincre ou périr

Convaincre ? Vaincre ? De toute façon, soyons-en sûrs, la Côte d'Ivoire payera le prix de la liberté. Il faut que les Ivoiriens soient prêts à mener le combat pour emmener leur pays à l'émergence : c'est une lutte d'idée où chaque pays doit asseoir sa politique de développement dans un environnement vicieux à la merci du plus fort. Il s'agit de vaincre l'ennemi pour qu'il soit *totalement* convaincu de l'ultime vérité que les Etats africains d'une manière générale ont obtenu leur indépendance confirmant ainsi leur souveraineté. La Côte d'Ivoire, vieille de soixante années d'indépendance – à l'horizon 2020 – se veut plus convaincante dans ses résolutions avec une fermeté dissuasive vis-à-vis des accords coloniaux d'autrefois, car *la liberté ne se donnera pas, mais elle doit et va s'arracher* pour le bonheur de tous au nom de la démocratie. Construire un monde de convictions basé sur les principes et valeurs démocratiques pour que chacun y adhère en espérant apporter sa participation, tel est l'un des objectifs de la mondialisation. Aspirant à l'émergence à l'horizon 2020, la Côte d'Ivoire doit convaincre ses partenaires commerciaux et politiques de son poids économique non seulement au niveau régional, mais surtout de ses implications vitales dans l'accroissement économique d'autres Etats africains, voire à l'échelle mondiale. Elle doit également vaincre *les forces du mal* pour atteindre ses objectifs de développement. L'exposition des forces économiques, militaires et sociales peut permettre remarquablement à un pays de s'afficher en bonne place du point de vue des investissements ; ces forces attirent les investisseurs étrangers et le pays devient par conséquent l'eldorado du monde des affaires. Pour ce faire, le pays devra prendre en compte plusieurs paramètres et aspects de la question d'orientation de son programme national de développement à savoir la sécurité des personnes et des biens, une politique de développement clairement définie et réalisable dans le temps, adaptation et uniformisation des plans de développement avec ceux des autres Etats épousant les mêmes visions, etc. En réalité, convaincue de ses performances, la Côte d'Ivoire devrait mieux se vendre au monde en (re)dynamisant ses systèmes économiques pour capter la masse d'investisseurs – gage d'un développement durable. Faire du lobbying, convaincre politiquement les acteurs coloniaux des dérives des valeurs démocratiques au risque de périr lâchement aux griffes de la mondialisation à sens unique, tel se veut être le combat des Etats candidats à l'émergence comme la Côte d'Ivoire. Dans leurs quêtes de la recherche de l'excellence et de la meilleure politique de développement, les dirigeants politiques africains de façon générale mettront en avant leur bâton d'indépendance véritable pour réclamer leur souveraineté légendaire aux nations dites développées et émergentes. Le prix de la liberté n'est-il pas la souffrance ? Quand accepterions-nous de payer ce prix d'or qui libère *définitivement* toute une humanité ? A ce niveau-là deux voies sont envisageables – et seulement deux –au nom de la liberté démocratique : convaincre ou vaincre. Et de toute façon, il y aura du prix à payer, c'est-à-dire du temps à perdre, du temps à consacrer à la résolution de la question, de l'énergie à fournir, de la résistance stratégique, en un mot du sacrifice à faire. C'est pourquoi d'ailleurs les choix des futurs élus de la nation – à l'horizon 2020 – s'avèrent très déterminants et incontournables pour les objectifs de développement que se fixe la Côte d'Ivoire sur la route de l'émergence. Il s'agira tout simplement pour ces élus de savoir convaincre et/ou vaincre les forces existantes.

De la (bonne) guerre

Prendre conscience et faire prendre conscience pour que l'indépendance soit acquise à l'unanimité. Se faire réveiller de son sommeil lassant au premier cri du réveil indépendantiste des « éveilleurs » de conscience de la République, telle est la plus-value de la (bonne) guerre. Ainsi, les élus de la Côte d'Ivoire émergente – à l'horizon 2020 – ont l'exercice régalien de veiller au grain pour l'entretien de la flamme moribonde qui éprouve du mal à sortir des méandres théoriques de l'épine dorsale des valeurs sociales dites démocratiques. C'est de la guerre, juste la bonne qui pourrait permettre aux Etats fragilisés par un système incompatible aux valeurs universelles de la démocratie sociale de se hisser – un tant soit peu – à un niveau des escaliers. C'est une guerre – peut-être – vitale dont les fins recherchées relèvent de la satisfaction individuelle parce que permettant de freiner le fonctionnement incongru et impopulaire d'une démocratie vide de son contenu. En effet, il faut nécessairement qu'ait lieu cette guerre d'idée, tout d'abord théorique et par la suite pratique, une fois les parties auraient compris le sens imminent de la lutte. C'est aussi une guerre de libre expression, d'indépendance, de liberté d'entreprendre et d'afficher son hégémonie vis-à-vis de son alter ego, au nom de la démocratie. Les principes de la mondialisation exigent que le monde soit plus libre, plus flexible dans les échanges commerciaux et que les frontières soient de plus en plus poreuses à la circulation des personnes et des biens. La Côte d'Ivoire doit s'inscrire dans la logique de cette dynamique d'ouverture sur le monde dans l'atteinte de ses objectifs de pays émergent à l'horizon 2020. En fait, il faut reconnaître que la lutte pour l'émergence s'avère longue et permanente, mais cela demande encore plus de lucidité dans les programmes de développement et au niveau national qu'international. Cela implique d'office plus d'engagements de l'Etat ivoirien et surtout l'adhésion des citoyens depuis les instances de décision jusqu'aux sphères d'exécution. L'atteinte des objectifs de développement pour l'émergence de la Côte d'Ivoire est tributaire de l'efficacité des programmes et la sensibilisation des populations sur des questions de développement durable. Il faut que chacun participe activement à la construction du pays en menant le combat pour les objectifs de l'émergence à l'horizon 2020. C'est une guerre, un combat contre la pauvreté, la cherté de la vie, la maladie […] en un mot une guerre contre le sous-développement. C'est une guerre pour la (sur)vie donc la bonne guerre. Il s'agit d'éveiller les consciences pour que le combat soit mené à tous les niveaux, ensemble pour l'épanouissement de chacun : le développement.

Conclusion

Voyons ! A l'image des feux tricolores, la situation politique en Côte d'Ivoire clignote ORANGE à double sens. Soit nous passons à la couleur ROUGE et retombons dans le désastre, dans les guerres, le désespoir et la désolation qui sera vraiment dommage, soit nous affichons le VERT de l'espoir où tous les projets seront en cours de réalisation et/ou réalisés : c'est le souhait de tous de voir cette Côte d'Ivoire atteindre la maturité à l'horizon 2020 par la promotion des principes fondamentaux de la démocratie à travers des élections transparentes, justes et équitables et donc une transition politique paisible – chose première dans son histoire depuis l'avènement du multipartisme. Il le faut ! Nous, Ivoiriens, le souhaitons vivement pour la Côte d'Ivoire sexagénaire émergente. En fait, la réelle conclusion et la véritable relevant de ce qui est concret se verront à l'horizon 2020, année au cours de laquelle seront proclamés les soixante ans d'indépendance de la Côte d'Ivoire. C'est dans cette logique que s'inscrit ce présent livre qui se veut être plus préventif que curatif, car, à vrai dire, il faut prévenir que guérir. Juste pour dire que ce point de la conclusion ne l'est pas véritablement, mais plutôt une esquisse de paragraphe récapitulatif d'analyses faites dans ce document pour respecter une rigueur méthodologique fondée et utile. L'analyse s'avère prescriptive en termes de comportement à adopter pour espérer construire une Côte d'Ivoire émergente sur des bases solides. En effet, l'objectif de ce livre n'est guère de créer la peur dans le cœur des Ivoiriens ou des lecteurs en coloriant l'avenir de la Côte d'Ivoire en couleur de deuil, mais plutôt de crier à la manière d'un ménestrel averti pour montrer les enjeux d'une telle élection transitoire à l'horizon 2020 : nous nous trouvons dans une situation de « *ça passe ou ça casse.* »

Le plan d'une émergence réussie est d'abord au niveau de la valorisation du capital humain – du changement de mentalité par l'adoption de la notion même d'émergence qui consiste à se projeter dans un programme de développement flexible et dynamique. Ce programme concerne tous les secteurs d'activité et demande l'apport de chacun des acteurs. L'année 2020 marque certes la période transitoire de la classe politique ivoirienne et le soixantième anniversaire de l'indépendance de la Côte d'Ivoire, mais elle paraît trop plus importante du moment où tous les acteurs doivent impérativement faire une analyse plus critique et plus objective dans le choix des élus pour le futur de la nouvelle Côte d'Ivoire émergente avec ses nouveaux défis quinquennaux. En effet, l'objectivité dans les analyses se veut être un bilan d'action politique menée par les différentes idéologies des partis politiques qui se sont succédé au pouvoir d'Etat depuis l'indépendance de la nation ivoirienne jusqu'à la Côte d'Ivoire sexagénaire à l'horizon 2020. Il est temps de faire des analyses préventives concrètes dans une perspective prophylactique afin de consolider les acquis. La Côte est au bord du gouffre ou bien à l'ère de sa plus grande gloire. Tout dépendra de la détermination des acteurs politiques, des populations, de la force de responsabilité de la jeunesse, de la société civile, des Organisations Non Gouvernementales (ONG), etc., sans oublier bien sûr la communauté dite internationale qui n'est rien d'autre que la puissance coloniale diablement fort. Il faut y prendre garde ! Sinon ce beau pays aux potentialités incommensurables tomberait dans une crise encore plus meurtrière que les précédentes et surtout il lui serait plus difficile de se relever économiquement, politiquement et socialement ; il sera condamné à un sous-développement légendaire et mortifère. En 2020, il ne faudrait pas faire l'erreur, les mêmes erreurs postélectorales qui ont marqué l'histoire de la Côte d'Ivoire et jusque-là continuent de gangréner les populations ivoiriennes. Chaque époque aura son histoire, chaque pays en aura sienne, mais quand l'histoire se réécrit, elle ouvre une nouvelle page d'une autre histoire foncièrement différente des précédentes.

A bon entendeur, prions !

Postface

Nous voici sur les rails de l'année 2020. Il faut qu'on se parle sincèrement parce que la question de l'année 2020 divise ceux qui s'intéressent à l'avenir de la Côte d'Ivoire. Il y a d'un côté ceux qui veulent voir arriver à pas géants l'année d'émergence de la nation ivoirienne. Ce sont des patentés optimistes comblés d'espérance qui souhaitent contempler la Côte d'Ivoire sexagénaire à cette date-là. Ils sont en effet remplis d'espoir et pleins de zèle ; pour eux, il faut croire *aveuglément* en cette Côte d'Ivoire mature et émergente à l'horizon 2020.

D'un autre côté se trouvent des désespérés, ceux qui ne croient même plus en la résurrection de la Côte d'Ivoire d'Houphouët-Boigny. Ils sont pessimistes et souhaitent voir reculer à jamais l'année 2020. Ceux-là n'ont plus d'espoir et blâment les acteurs politiques ivoiriens et surtout ils ont tendance à accuser le pacte colonial d'être à la base de tous les malheurs des Etats africains.

D'un côté ou d'un autre, la Côte d'Ivoire doit son destin à elle-même. Les Ivoiriens qui veulent voir 2020 demain et/ou ceux qui veulent voir 2020 reculer ont les mêmes buts : voir une Côte d'Ivoire paisible, développée [...] qui incarne respect et attire les investisseurs des quatre coins du monde. Cependant, dans quel(s) contexte(s) la Côte d'Ivoire émergente de 2020 doit-elle naître ?

Ce qui est bon à savoir est que le développement d'une nation est relativement multisectoriel et dépend de plusieurs paramètres : la sécurité, l'économie, le système éducatif, la gouvernance, le choix du régime politique, etc. A vrai dire, l'émergence de la Côte d'Ivoire nouvelle à l'horizon 2020 se construira avec l'apport de tous à savoir, économiste, politique, spécialiste en sécurité, etc., chacun apportant sa participation au niveau de sa spécialité. Ce livre (re)trace les sillons pouvant permettre à la Côte d'Ivoire d'atteindre un niveau de développement plus concret et appréciable à l'horizon 2020 qui ne sera pas d'ailleurs le point final – l'ultime développement, mais plutôt le commencement d'une suite d'action d'émergence en vue de rendre plus dynamique la Politique Nationale de Développement (PND).

Cet opuscule rend hommage aux grandes actions de développement entreprises en Côte d'Ivoire et en même temps tire sur la sonnette d'alarme pour relever les enjeux, les bilans et les perspectives qui émaillent les futures élections à l'horizon 2020. Pour ainsi dire que la Côte d'Ivoire sera face à son destin. Les acteurs ont besoin de beaucoup de maturité et d'engagement pour réussir les défis qui couronneront l'émergence de la Côte d'Ivoire sexagénaire à l'horizon 2020.

Dr Kouassi Ange Aristide MOLOU

Abidjan, Côte d'Ivoire le 5 Mai 2018

Bibliographie

Ahmadou KOUROUMA, Quand on refuse, on dit non, Seuil, 2004.

Alice SINDZINGRE, « Etat et intégration internationale des Etats d'Afrique subsaharienne : l'exemple de la fiscalité », dans Afrique contemporaine, n°199 (juillet-septembre 2001), p. 63-75.

Aminata TRAORE, L'Etau : l'Afrique dans un monde sans frontières, Arles, Actes Sud, 2001.

Axelle KABOU, Et si l'Afrique refusait le développement ?, Paris, L'Harmattan, 1991.

Béatrice FRACCHIOLLA, « L'attaque courtoise : de l'usage de la politesse comme stratégie d'agression dans le débat Royal-Sarkozy du 2 Mai 2007 », in Heiden S. et Pincemin B. (éds), JADT 2008 : Actes des 9ᵉ Journées internationales d'Analyse statistique des données textuelles, Lyon, PUL, 495-506, 2008.

Botiagne Marc ESSIS, Introduction à la science politique, L'Harmattan, 2015.

Catherine KERBRAT-ORECCHIONI, Les débats de l'entre-deux-tours des élections présidentielles françaises. Constantes et évolutions d'un genre.

Christian COMELIAU, « La coopération au développement : nostalgie du passé ou rêve pour l'avenir ? », dans Afrique contemporaine (numéro spécial, Octobre-Décembre 1998), p. 199-210.

Christian DELPORTE, « Corps à corps et tête-à-tête ? Le duel politique à la télévision (des années 1960 à nos jours) », Mots 67, 70-91, 2001.

Claudine GARCIA-DEBANC, « Argumenter à l'oral », Pratiques 28, 95-124.

Dan SMITH, Atlas des guerres et des conflits dans le monde. Peuples, puissances militaires, espoirs de paix, autrement, 2003.

Daniel ETOUNGA-MANGUELLE, L'Afrique a-t-elle besoin d'un programme d'ajustement culturel ?, Paris, Nouvelle du Sud, 1993.

Danielle DUEZ, « La fonction symbolique des pauses dans la parole de l'homme politique », Faits de langue, 13 (7), 91-97, 1999.

David Koffi N'GORAN, Les enfants de la lutte, chroniques d'une imagination politique à Abidjan, Paris, Publibook, 2012.

Denis BERTRANT, Alexandre DEZE « Parler pour gagner », Sémiotique des discours de la campagne présidentielle de 2007, Paris, Presse de Sciences Po, 2007.

Diensia Oris-Armel BONHOULOU, La fin d'une génération en Côte d'Ivoire : les ténors de « l'après-Houphouët » 1990-2020, L'Harmattan, Novembre 2016.

Dominique DESMARCHELIER, « Les mots de la violence, la violence des mots dans le discours politique français contemporain », in Bonnafous et al. (éds) (2003), 225-234, 2003.

Domitille CAILLAT, Le discours rapporté dans les débats politiques télévisés : formes et fonctions des recours au discours autre, Thèse de Doctorat, Université Lumière Lyon 2 et Université Libre de Bruxelles, 2016.

Dramane KONE, Dire bien, Quotidien Notre voie, Août 2012, P. 2

Ehivet Simone GBAGBO, Parole d'honneur, Ramsay, 2007.

Firouzeh NAHAVANDI (sous la direction de), Repenser le développement et la coopération internationale : état des savoirs universitaires, Paris, Karthala, 2003.

François ROUBAUD, « La crise vue d'en bas à Abidjan : ethnicité, gouvernance et démocratie », dans Afrique contemporaine, n° 206 (été 2003), p. 57-86.

François-Xavier VERSCHAVE, Noir silence : qui arrêtera la Françafrique ?, Paris, Ed. des Arènes, 2001.

François-Xavier VERSCHAVE, La françafrique : le plus long scandale de la République, Paris, Stock, 1998.

Françoise ARMENGAUD, « L'impertinence ex-communicative ou comment annuler la parole d'autrui », Degré 26-27, a-a 32, 1981.

Geoffrey W. BEATTIE, « Turn-taking and interruption in political interviews : Margaret Thatcher and Jim Callaghan compared and constrated », Semiotica 39-1/2, 93-113.

Gérard DAVET et Fabrice LHOMME, « Un président ne devrait pas dire ça… », Paris, Stock, 2016.

Giorgio BLUNDO et Jean-Pierre OLIVIER DE SARDAN, « La corruption quotidienne en Afrique de l'Ouest », dans Politique africaine, n° 83 (Octobre 2001), p. 8-37.

Goudé Charles BLE, D'un stade à un autre, Quotidien Notre voie, 2009.

Jacques FONTANEL, « Futurs africains », Afrique 2025. Quels futurs possibles pour l'Afrique au Sud du Sahara ? (Préface de Thabo Mbeki), Paris, 2003.

Jacques TENIER, Intégrations régionales et mondialisation. Complémentarité ou contradiction, Paris, La Documentation française, 2003.

Jean Baptiste AKROU, Mots et Maux, MaPressePerso, www.mapresseperso.com, 2007.

Jean COPANS, La longue marche de la modernité africaine : savoirs, intellectuels, démocratie, première édition 1990, Paris, Karthala, 1998.

Jean-Marc BENOIT, « La communication dans la campagne présidentielle », Le débat 146, sept.-oct., 2007, 73-83.

Jean-Marie KOUAKOU, Penser la réconciliation pour panser la Côte d'Ivoire, L'Harmattan, Mai 2015.

Jean-Paul NGOUPANDE, L'Afrique sans la France : histoire d'un divorce consommé, Paris, Albin Michel, 2002.

Jean-Pierre DOZON, Frères et sujets. La France et l'Afrique en perspectives, Paris, Flammarion, 2003.

Jeanne-Marie BARBERIS, (éd.), Le français parlé. Variétés et discours, Montpellier, Université Paul Valery, Praxiling, 1999.

John ILIFFE, Les Africains : histoire d'un continent, Paris, Flammarion, 2002.

Kouassi Ange Aristide MOLOU, Educament, Allemagne, Editions Universitaires Européennes (EUE), Novembre 2017.

Laurent BINET, Rien ne se passe comme prévu, Paris, Grasset, 2013.

Laurent GBAGBO, Ma part de vérité, JeuneAfrique.com, 2014.

Laurent GBAGBO, Côte d'Ivoire pour une alternative démocratique, L'Harmattan, 1983.

Mamadou KOULIBALY, Sur la route de la liberté, L'Harmattan, 2004.

Marc FERRO, Histoire des colonisations : des conquêtes aux indépendances, XIIe-XXe siècle, Paris, Seuil, 1994.

Marc LE PAPE, « Les politiques d'affrontement en Côte d'Ivoire, 1999-2003 », dans Afrique contemporaine, n° 206 (été 2003), p. 29-40.

Marcel BURGER (éd.), L'analyse des discours de communication publique, Université de Lausanne, Cahiers de l'ILSL, 305-328, 2014.

Marianne DOURY, « Positionnement descriptif, positionnement normatif, positionnement militant », Argumentation et Analyse du discours. Disponible en ligne à l'adresse : http://aad.revues.org/1540, 2013.

Marion BALLET, Emotions et élections. Les campagnes présidentielles françaises (1981-2012), Paris, INA Editions, 2014.

Marion BALLET, « L'appel aux émotions dans les campagnes présidentielles françaises », Mots 112, 37-44, 2016.

Marlène COULOMB-GULLY, « Le corps présidentiel. Représentation politique et incarnation dans la campagne présidentielle française de 2007 », Mots 89, 25-38, 2009.

Marlène COULOMB-GULLY, Présidente : le grand défi. Femmes, politique et médias, Paris, Payot, 2012.

Michèle BAILLY et Patrice DUFOUR, L'aide au développement à l'heure de la mondialisation, Toulouse, Milan, 2002.

Olivier LANOTTE, République démocratique du Congo. Guerres sans frontières. De Joseph-Désiré Mobutu à Joseph Kabila, Bruxelles, GRIP-Editions complexes, 2003.

Oswald DUCROT, Le dire et le dit, Paris, Minuit, 1984.

Patrick CHABAL et Jean-Pascal DALOZ, L'Afrique est partie ! : du désordre comme instrument politique, Paris, Economica, 1999.

Patrick CHARAUDEAU, Entre populisme et peopolisme. Comment Sarkozy a gagné !, Paris, Vuibert, 2008.

Patrick CHARAUDEAU, Le discours politique. Les masques du pouvoir, Paris, Vuibert, 2005.

Patrick CHARAUDEAU, « Rôles sociaux et rôles langagiers », in Vérinique D. et Vion R. (éds), Modèles de l'interaction verbale, Aix-en-Provence, PUP, 79-96, 1995.

Patrick GIRARD, « L'Afrique à la dérive », dans Marianne, n° 326 (du 21 au 27 juillet 2003), p. 36-45

Paul BACOT, Les mots des élections, Toulouse, Presse Universitaires du Mirail, 2012.

Philippe. BRETON, La parole manipulée, Paris, La découverte, 1997.

Philippe BRETON, Convaincre sans manipuler. Apprendre à argumenter, Paris, La découverte, 2008.

Pierre KIPRE, Côte d'Ivoire. La formation d'un peuple, SIDES IMA, Septembre 2005.

René DUMONT, L'Afrique noire est mal partie, Paris, Editions du Seuil, 1962, coll. « Points politiques », 1966. (Epuisé.)

Richard BANEGAS, « La Démocratie à pas de caméléon. Transitions et imaginaires politiques au Bénin, Paris, Karthala, 2003.

Roger NAVARRO, Côte d'Ivoire, le culte du Blanc : les territoires culturels et leurs frontières, Paris, L'Harmattan, 2003.

Samba DIARRA, Les faux complots d'Houphouët-Boigny. Fracture dans le destin d'une nation. Paris, Karthala, 1997.

Simone BONNAFOUS, « Femme politique : une question de genre ? », Réseaux 120, 119-145, 2003a.

Soro Guillaume KIGBAFORI, Pourquoi je suis devenu un rebelle – la Côte d'Ivoire au bord du gouffre, Hachette, 2005.

Stanley FISH, Quand lire, c'est faire. L'autorité des communautés interprétatives, Paris, Les prairies ordinaires, 1980.

Stephen SMITH, Négrologie. Pourquoi l'Afrique meurt, éd. Pluriel, 2012.

Thomas BOUCHET, Nom d'oiseaux. L'insulte en politique de la Restauration à nos jours, Paris, Stock, 2010.

Umberto ECO, Les limites de l'interprétation, Paris, Grasset, 1992.

Valéry GISCARD D'ESTAING, Le pouvoir et la vie, Paris, Compagnie 12, 1988.

Walter RODNEY, Et l'Europe sous-développa l'Afrique… analyse historique et politique du sous-développement, Editions Caribéennes, Mars 1986.

Yves CHARBIT (sous la direction de), Le monde en développement : démographie et enjeux socio-économiques, Notes et études documentaires de la documentation française, n° 5143 (Février 2002), Paris, La documentation française.

Table des matières

Préface 7
Honorable KONAN KOFFI MARIUS

Remerciements 17

Introduction 19
    De la Côte d'Ivoire coloniale à la Côte d'Ivoire indépendante. 20
    L'ère de l'indépendance : la Côte d'Ivoire de 1960 .. 23
    La Côte d'Ivoire post-indépendance des dirigeants ivoiriens. 24
    Le système politique de la Côte d'Ivoire 24
    Le débat politique 27
    Perspectives à l'horizon 2020 30
    Le système éducatif en Côte d'Ivoire 30
    L'économie en Côte d'Ivoire 34
    Le système de sécurité en Côte d'Ivoire 36
    Le système de défense en Côte d'Ivoire 38
    Le système de santé 39
    La Côte d'Ivoire laïque 41
    Les institutions de l'Etat 42
    Le système de recherche scientifique 44
    L'environnement 46
    Les médias 47
    Le transport 49
    Le commerce 51
    L'entrepreneuriat 53

L'honnêteté citoyenne 55
Les partis politiques 57
La conquête du pouvoir 58
La justice 60
L'émigration de l'élite 63
La promotion de l'équité 64
La jeunesse 66
L'égalité du genre 68
Le système de gouvernance 70
La souveraineté 72
La migration (clandestine) 73
L'intégration régionale 75
L'intégration africaine 77
(Con)vaincre ou périr 79
De la (bonne) guerre 81

Conclusion 83

Postface 87
Dr Kouassi Ange Aristide MOLOU

Bibliographie 89

CÔTE D'IVOIRE

AUX ÉDITIONS L'HARMATTAN

Dernières parutions

LA TÉLÉVISION IVOIRIENNE (RTI) DE 1963 À 2011
Média de développement ou instrument du pouvoir ?
Sangaré Issa Yeresso
Plus d'un demi-siècle après sa création sous Félix Houphouët-Boigny, la RTI a-t-elle atteint l'objectif fixé au départ, renforcer la cohésion sociale, positionner le pays sur la scène internationale et promouvoir le développement ? A-t-elle été un organe de développement souhaité, où comme presque partout en Afrique, elle n'a été qu'un ordinaire instrument des pouvoirs politiques de Côte d'Ivoire ? La RTI par certaines émissions a joué un rôle dans l'histoire cinquantenaire et le développement du pays, mais en tant que monopole de l'État elle a souvent eu du mal à se soustraire à l'engrenage politique.
(Coll. Écrire l'Afrique, 22.00 euros, 234 p.)
ISBN : 978-2-343-13282-2, ISBN EBOOK : 978-2-14-005304-7

RÉSILIENCE DES VICTIMES À ABIDJAN
Débrouille de femmes après la guerre civile ivoirienne
Pale Titi
Cette ethnographie rapide des formes de résilience que les femmes victimes de la guerre civile ivoirienne mobilisent montre comment celles-ci, loin d'être résignées, ont multiplié les stratégies pour s'en sortir. Pour ces veuves, mères célibataires ou amputées, la solidarité s'est mise «en mode échec». La résilience participe des stratégies individuelles de survie mais ne suffiront pas à une réinsertion sociale digne de ce nom.
(26.00 euros, 260 p.)
ISBN : 978-2-343-13173-3, ISBN EBOOK : 978-2-14-005126-5

L'AFRIQUE DOIT ÊTRE LIBRE ET SOUVERAINE
Djereke Jean-Claude - Préface de Pascal Dago Kokora
Ce livre est conçu et construit à la manière d'un journal de bord. Il s'agit de réflexions que l'auteur a menées, des questions qu'il se pose et des commentaires qu'il propose, face aux événements survenus dans la vie de son pays d'origine, la Côte d'Ivoire, mais aussi ailleurs dans l'Afrique dite francophone, entre janvier 2015 et août 2017. Le fil directeur de ces réflexions est l'absence de liberté et de souveraineté en Afrique noire et des diasporas d'Ottawa (Canada).
(Coll. L'Afrique qui se bat, 26.00 euros, 252 p.)
ISBN : 978-2-343-12062-1, ISBN EBOOK : 978-2-14-004784-8

REPRÉSENTATION CHRÉTIENNE DE L'EXISTANT HUMAIN ET DE LA PERSONNE AUJOURD'HUI EN AFRIQUE
Ake Jean Patrice
Le christianisme a enrichi la philosophie de deux concepts majeurs : l'existence et la personne. L'existence, c'est le fait de recevoir son être d'un autre. Les êtres existent, car ils reçoivent leur existence de l'Être en tant qu'Être. L'Être en tant qu'Être n'existe pas. Il est éternel. Dans ce monde d'aujourd'hui, cassé et bouleversé, il y a une divergence entre les événements et l'ordre rationnel et une impénétrabilité réciproque des esprits opaques, la multiplication des logiques, absurdes les unes des autres, l'impossibilité pour le moi de rejoindre le soi. La personne, quant à elle, est une notion qui rappelle ce que l'acteur grec portait au théâtre. Il a été utilisé par la théologie chrétienne pour parler de Dieu. Le Dieu chrétien est un Dieu unique, en trois personnes, égales et distinctes. L'homme, étant à l'image et à la ressemblance de Dieu, il est une Personne.
(Coédition CRISHS Univ. F. H. Boigny, Coll. La palabre, 14.00 euros, 120 p.)
ISBN : 978-2-343-13209-9, ISBN EBOOK : 978-2-14-004803-6

ÉTHIQUE DU TRAVAIL ET RESPONSABILITÉ
Ake Jean Patrice
Les Africains sont-ils des paresseux ou des travailleurs ? Considérés comme de grands enfants, parce qu'ils jouaient avec le travail de leurs maîtres occidentaux, les Africains n'ont-ils pas été perçus, depuis lors par les autres, comme des êtres qui fuient leurs responsabilités ? Qu'en est-il aujourd'hui de l'éthique du travail et de la responsabilité dans nos États africains ? L'éthique du travail bien fait, de la ponctualité, du respect de la chose publique est-il bien vécu par les Africains ? Le salaire qui n'est pas motivant n'est-il pas une des raisons de l'abandon de la fonction publique pour des entreprises personnelles plus lucratives ?
(Coédition CRISHS Univ. F. H. Boigny, Coll. La palabre, 15.50 euros, 138 p.)
ISBN : 978-2-343-13208-2, ISBN EBOOK : 978-2-14-004802-9

SAINT AUGUSTIN, UN PLATONICIEN CHRÉTIEN
Ake Jean Patrice
Saint Augustin est l'un de ces philosophes qui ont le plus contribué à répandre le nom de Platon et à le tenir en estime parmi les chrétiens. Il a lu les néoplatoniciens, notamment Plotin, et il a vu un lien entre les spiritualités chrétiennes et platoniciennes. Mais il est d'abord un Africain et c'est par rapport à son action pastorale, comme évêque d'Hippone que l'inculturation de l'évangile an Afrique a pu se réaliser. Aussi pouvons-nous classer saint Augustin, parmi les philosophes africains.
(Coédition CRISHS Univ. F. H. Boigny, Coll. La palabre, 14.00 euros, 120 p.)
ISBN : 978-2-343-13207-5, ISBN EBOOK : 978-2-14-004801-2

LE MAINTIEN DE L'ORDRE EN CÔTE D'IVOIRE
Youla Doumbia Nabi
Ce livre retrace la genèse du maintien de l'ordre en Côte-d'Ivoire qui est au service de la préservation du régime politique. L'analyse de l'auteur met en relief la doctrine policière contemporaine et permet de comprendre la dynamique de l'émeute ainsi que la logique qui la sous-tend. La violence n'est pas une fatalité. Des pistes sont évoquées : la constitutionnalisation des manifestations, la transformation de

la culture professionnelle des policiers et l'adoption d'une stratégie de gestion des foules basée sur les techniques de la prévention situationnelle.
(Coll. Sciences criminelles, 19.00 euros, 178 p.)
ISBN : 978-2-343-12610-4, ISBN EBOOK : 978-2-14-004465-6

TRADITIONS, COUTUMES, DROITS EN CÔTE D'IVOIRE
Les Carnets de la Fondation Atef Omaïs
La Fondation Atef Omaïs, dont l'objectif est de promouvoir la santé, l'éducation et la culture, produit également des guides sur les capitales francophones d'Afrique, en plus de carnets «culture et tradition». Tous ces livres ont une vocation humaine et sociale : les bénéfices des ventes sont investis dans les services sociaux de base en faveur des populations les plus vulnérables (nombreuses photos en couleur).
(Sépia, 15.00 euros, 400 p.)
ISBN : 979-10-334-0126-1, ISBN EBOOK : 978-2-14-004438-0

CÔTE D'IVOIRE : L'ÉVANGÉLISATION DU SANWI (1637-1960)
Koffi Koffi Lazare - Préface de Jean-Claude Djéréké
Dans cette étude, l'auteur ne s'est pas contenté d'égrener les faits relatifs à l'implantation du christianisme dans le Sanwi, situé dans l'actuel territoire ivoirien. Par une approche qui fait appel à l'anthropologie et à l'histoire des mentalités, il a montré le lien étroit et la corrélation qui a existé entre l'entreprise missionnaire et l'entreprise coloniale. De tout temps, la première a été entraînée par la seconde. Elles ont partagé les mêmes préoccupations : dominer le monde, le convertir à la pensée et à la vision de l'Europe.
(Coll. L'Afrique qui se bat, 23.50 euros, 224 p.)
ISBN : 978-2-343-12321-9, ISBN EBOOK : 978-2-14-004087-0

RÉFORME DE LA FORMATION PROFESSIONNELLE ET TECHNIQUE EN CÔTE D'IVOIRE
Entretiens réalisés par Jackie Fourniol
Gbato Maninga - Préface de Gervais Semedo
Sortant d'une crise grave en 2009, le système de formation professionnelle était fortement perturbé. Il ne s'agit plus de «former pour former» mais de qualifier les jeunes pour des emplois existants et à venir ; il ne s'agit plus de mettre en œuvre des stratégies pédagogiques d'un autre âge, mais de développer des pratiques pédagogiques innovantes en prise directe avec les compétences attendues aujourd'hui par la société et l'économie.
(Harmattan Côte-d'Ivoire, 14.00 euros, 124 p.)
ISBN : 978-2-343-12427-8, ISBN EBOOK : 978-2-14-004111-2

CÔTE D'IVOIRE : VERS UN NOUVEL ORDRE PLUS JUSTE
Kouame Bibli Robert-Jonas
Préface du ministre Justin Koné Katinan
Le futur va se construire sur le refus, par l'ensemble du peuple, de la mentalité de soumission : c'est un futur de liberté et de responsabilité, un futur de souveraineté pour la cause commune de la société ivoirienne et africaine. C'est le combat que mène Laurent Gbagbo, devenu la pierre d'angle de la lutte pour un nouvel ordre de justice en Afrique. C'est cette conviction que l'auteur veut partager avec ses

compatriotes en même temps qu'il les invite à se battre pour protéger leur pays contre les puissances coloniales et à lutter contre leurs élus locaux prêts à toutes les compromissions pour défendre leurs propres intérêts.
(Coll. L'Afrique qui se bat, 21.50 euros, 212 p.)
ISBN : 978-2-343-11744-7, ISBN EBOOK : 978-2-14-003955-3

LA DÉCHIRURE
Photo-roman des Ivoiriens et des Africains de la diaspora
Souley - Préface de Michel Galy
Ce livre est le premier d'une série d'ouvrages de photos en couleur mettant en scène le combat des Africains issus de la diaspora, en particulier ivoirienne, qui refusent le coup d'État du 11 avril 2011 à l'encontre du président Laurent Gbagbo. Les œuvres de l'auteur Souley sont présentées dans toute leur authenticité, sans la moindre retouche.
(25.00 euros, 212 p.)
ISBN : 978-2-343-12727-9, ISBN EBOOK : 978-2-14-004339-0

DES PENSÉES DE LAURENT GBAGBO
Quel message pour la réconciliation nationale en Côte d'Ivoire ?
Sous la direction de Claude Koudou
Dans un pays multiethnique comme la Côte d'Ivoire les acteurs doivent se coordonner pour construire un cadre de vie ensemble. La Côte d'Ivoire ne pourra pas vivre en paix alors qu'une partie de la population est dressée contre l'autre. Pour résoudre cette équation il faut libérer la clef de voûte de la réconciliation nationale qu'est Laurent Gbagbo.
(Coll. Afrique liberté, 16.50 euros, 152 p.)
ISBN : 978-2-343-12133-8, ISBN EBOOK : 978-2-14-003644-6

CHRONIQUES POLITIQUES DE CÔTE D'IVOIRE ET D'AILLEURS (2011-2016)
Au nom de notre foi
Kouadio Jean
L'analyse que Jean Kouadio réalise de la crise africaine est que l'Afrique se complaît dans sa soumission, sa domination et son humiliation forcées par ceux qui continuent de la régenter. La conjonction simultanée et déchaînée des événements en Côte d'Ivoire et en Libye ont plongé l'auteur dans une méditation douloureuse. Le combat pour la liberté en Afrique doit se poursuivre à tout prix.
(28.00 euros, 274 p.)
ISBN : 978-2-343-11938-0, ISBN EBOOK : 978-2-14-003606-4

Structures éditoriales du groupe L'Harmattan

L'Harmattan Italie
Via degli Artisti, 15
10124 Torino
harmattan.italia@gmail.com

L'Harmattan Hongrie
Kossuth l. u. 14-16.
1053 Budapest
harmattan@harmattan.hu

L'Harmattan Sénégal
10 VDN en face Mermoz
BP 45034 Dakar-Fann
senharmattan@gmail.com

L'Harmattan Mali
Sirakoro-Meguetana V31
Bamako
syllaka@yahoo.fr

L'Harmattan Cameroun
TSINGA/FECAFOOT
BP 11486 Yaoundé
inkoukam@gmail.com

L'Harmattan Togo
Djidjole – Lomé
Maison Amela
face EPP BATOME
ddamela@aol.com

L'Harmattan Burkina Faso
Achille Somé – tengnule@hotmail.fr

L'Harmattan Côte d'Ivoire
Résidence Karl – Cité des Arts
Abidjan-Cocody
03 BP 1588 Abidjan
espace_harmattan.ci@hotmail.fr

L'Harmattan Guinée
Almamya, rue KA 028 OKB Agency
BP 3470 Conakry
harmattanguinee@yahoo.fr

L'Harmattan Algérie
22, rue Moulay-Mohamed
31000 Oran
info2@harmattan-algerie.com

L'Harmattan RDC
185, avenue Nyangwe
Commune de Lingwala – Kinshasa
matangilamusadila@yahoo.fr

L'Harmattan Maroc
5, rue Ferrane-Kouicha, Talaâ-Elkbira
Chrableyine, Fès-Médine
30000 Fès
harmattan.maroc@gmail.com

L'Harmattan Congo
67, boulevard Denis-Sassou-N'Guesso
BP 2874 Brazzaville
harmattan.congo@yahoo.fr

Nos librairies en France

Librairie internationale
16, rue des Écoles – 75005 Paris
librairie.internationale@harmattan.fr
01 40 46 79 11
www.librairieharmattan.com

Lib. sciences humaines & histoire
21, rue des Écoles – 75005 Paris
librairie.sh@harmattan.fr
01 46 34 13 71
www.librairieharmattansh.com

Librairie l'Espace Harmattan
21 bis, rue des Écoles – 75005 Paris
librairie.espace@harmattan.fr
01 43 29 49 42

Lib. Méditerranée & Moyen-Orient
7, rue des Carmes – 75005 Paris
librairie.mediterranee@harmattan.fr
01 43 29 71 15

Librairie Le Lucernaire
53, rue Notre-Dame-des-Champs – 75006 Paris
librairie@lucernaire.fr
01 42 22 67 13